DAS TROCKENE UND DAS FEUCHTE

Jonathan Littell

DAS TROCKENE UND DAS FEUCHTE

EIN KURZER EINFALL IN FASCHISTISCHES GELÄNDE

Aus dem Französischen
von Hainer Kober

Mit einem Nachwort
von Klaus Theweleit

Berlin Verlag

Die Originalausgabe erschien 2008 unter dem Titel *Le sec et l'humide* in der von Thomas Simonnet herausgegebenen Reihe »L'arbalète gallimard« bei Éditions Gallimard, Paris | Die deutsche Ausgabe folgt in der Gestaltung dem von Pascal Fiévé de Qualame entworfenen Layout der Originalausgabe | © 2008 Jonathan Littell | Für die deutsche Ausgabe © 2009 Berlin Verlag GmbH, Berlin | Alle Rechte vorbehalten | Für das Nachwort von Klaus Theweleit © 2008 Éditions Gallimard, Paris | Umschlaggestaltung und Typographie folgen der französischen Originalausgabe | Gesetzt aus der Adobe Garamond durch psb, Berlin | Druck & Bindung: Mohn media Mohndruck GmbH, Gütersloh |
ISBN 978-3-8270-0825-1 | www.berlinverlage.de

Für H.

MEIN RUSSLANDFELDZUG

Es geht um ein Buch: *La campagne de Russie* von Léon Degrelle.[1] Ein schönes Buch. Das Exemplar in meinem Besitz, »Luxusausgabe, Leinen in militärischen Farben«, zeigt auf dem Umschlag ein Rekrutierungsplakat der SS-Panzergrenadier-Division »Wallonien«; es ist in der *Collection Action* erschienen, deren inzwischen verstorbener Herausgeber Jean Mabire in seiner Einführung den Ton vorgibt:

> Mehr als die Kulisse des Krieges zählt hier der Augenblick des Kampfes. Plötzlich wird alles möglich. Es genügt zu wagen. [...]
>
> Der Krieger wird hier den Rang finden, der ihm von Rechts wegen zustünde: den ersten, gegründet auf die Verachtung bürgerlicher, bequemer, kommerzieller Werte. Einer anspruchsvollen Moral verpflichtet, ist der Mann nie so groß wie im Augenblick des Handelns. (1)[2]

1. Éditions Art et Histoire d'Europe, 1987. Die Originalausgabe erschien 1949.
2. Die Seitenzahl in Klammern bezieht sich auf die franz. Ausgabe von 1987. (Diese Übersetzung basiert auf der dt. Ausgabe von 1952, vgl. »Quellen«, w. u. S. 139. Anm. d. Ü.)

Die Éditions Art et Histoire d'Europe haben als Signum ein silbernes Eichenblatt (wie das Eichenlaub, das Hitler Degrelles Ritterkreuz hinzufügte), und als Adresse ein Postfach, was immer ein schlechtes Zeichen ist. Die Lektüre des Verlagskatalogs vervollständigt das Bild: Saint-Loup, *Götterdämmerung. Rencontre avec La Bête*; Jacques de Launay, *Claretta et Mussolini. Amour, fascisme et tragédie*; Léon Degrelle, *Le siècle de Hitler*, erster Band in drei Teilen, zwölf Bände in Vorbereitung.[1]

Eine kurze historische Gedächtnisauffrischung.[2] Léon Degrelle machte vor allem vor dem Krieg von sich reden – als stattlicher jugendlicher Unruhestifter mit verschwommenen faschistischen Ideen an der Spitze einer Volksbewegung katholischen Ursprungs, die sich den Sturz der politischen Klasse Belgiens zum Ziel gesetzt hatte. 1936 erreichte seine Popularität ihren Höhepunkt, als es ihm gelang, einundzwanzig Abgeordnete in das Brüsseler Parlament zu entsenden; doch von 1938 an, seitdem ihn die öffentliche Meinung mehr und mehr in die Nähe des aufsteigenden Nazismus rückte, erlitt er einen herben Rückschlag und büßte einen Gutteil seines politischen Einflusses ein. Kaum entmutigt, setzte er sich während der sogenannten »drôle de guerre«, des »Sitzkriegs«, für die ultraneutralistische Haltung ein, die von einer den Absichten des Reichs äußerst misstrauisch gegenüber-

1. Für Leser, die trotz allem versucht sind, sich das eine oder andere Buch über den vorgeschlagenen Versandhandel zu besorgen, hier die Adresse: A. H. E. BP 6008, 75362 Paris Cedex 08.
2. Der interessierte Leser findet am Ende dieses Buchs eine Liste mit meinen wichtigsten Quellen.

Ästhetik des Faschistenführers der Vorkriegszeit: Privatfotos und mit Widmung versehene offizielle Aufnahmen, die sorgfältig im Familienalbum eines Sympathisanten aufbewahrt wurden, bezeugen den Auftritt des Chefs beim großen Rexistenaufmarsch in Lombeek-Notre-Dame (Flandern), dem »Nürnberg für Arme«, am 1. Juli 1938.

Die Briefmarke als rexistisches Propagandamittel. Die missbräuchliche Verbindung, die hier zwischen dem belgischen König Leopold III. und der Bewegung Rex hergestellt wird, ist eine für die Methoden der Epoche typische Tatsachenverdrehung (beispielsweise brachte der britische Geheimdienst im besetzten Polen eine gefälschte Briefmarke mit dem Bild des Generalgouverneurs Hans Frank in Umlauf, um ihn bei Hitler in Misskredit zu bringen). Die Briefmarken »Légion Wallonie« wurden von der deutschen Feldpost herausgegeben und ermöglichten die kostenlose Beförderung von Sendungen bis zu 250 Gramm.

stehenden Bevölkerung als offen prodeutsch empfunden wurde. Am 10. Mai 1940, dem Tag, an dem die deutsche Westoffensive beginnt, wird Degrelle von den belgischen Behörden mit zahlreichen Germanophilen und anderen Verdächtigen interniert. Beim Zusammenbruch von der französischen Sûreté nach Dünkirchen verlegt, dem Massaker an etwa zwanzig Gefangenen in Abbeville knapp entgangen, geschlagen und misshandelt, von Gefängnis zu Gefängnis quer durch Frankreich geschleppt, wird Degrelle endlich nach dem Waffenstillstand am Fuß der Pyrenäen freigelassen. Bei seiner Rückkehr nach Belgien begegnet er am 21. August dem Grafen Capelle, Sekretär bei König Leopold III., der ihm die neue politische Linie der Krone erklärt: Zusammenarbeit mit den flämischen Sozialisten, mit den Neosozialisten der belgischen Arbeiterpartei, mit den Deutschen. »Und Hitler?«, will Degrelle gefragt haben. »Nur zu«, soll Capelle erwidert haben, »wir wünschen es.«[1] Degrelle war Hitler bereits 1936 begegnet und dessen Charme sofort erlegen; ein erneutes Treffen, das für den Oktober 1940 vorgesehen war, scheiterte jedoch (wegen der Invasion in Griechenland); und die Dienststellen des Militärbefehlshabers in Belgien und Nordfrankreich, die auf Empfehlung des Führers die nationalistischen Flamen »so weit wie möglich«[2] begünstigten, galten sie doch als »germanisch«, begegneten allen Kollaborationsangeboten Degrelles mit tiefster Verachtung. Vergebens reorganisiert Degrelle den Rexismus ganz of-

1. Nicht verbürgtes Gespräch, von dem Degrelle in dem Dokumentarfilm *Auto-portrait d'un fasciste* von J.-M. Charlier berichtet.
2. Francis Balace und Alain Colignon, »Quelle Belgique dans l'Europe allemande?«, S. 7.

fenkundig nach faschistischem Vorbild, mit Schwarzhemden, Fackelzügen und Eingliederung der Jugend, es bleibt beim »politischen Immobilismus«[1], einer einstweiligen Durststrecke; selbst sein *Heil Hitler!* vom 1. Januar 1941, das den Abfall zahlreicher Rexisten mit ausgeprägt belgizistischer Einstellung zur Folge hatte, reicht nicht aus: »groß angelegte Reklame«, wird General Reeder befinden, der Chef der Militärverwaltung für Belgien und Nordfrankreich, der Degrelle für einen Scharlatan hielt.[2] Doch seit dem deutschen Einmarsch in die Sowjetunion im Juni 1941 betreibt Degrelles ehrgeiziger Leutnant Fernand Rouleau mit der Unterstützung französischsprachiger royalistischer Kreise, die über den Machtzuwachs der flämischen Kollaboration beunruhigt sind, die Schaffung einer antibolschewistischen Legion »Wallonien« im Rahmen der deutschen Wehrmacht. In höchster Eile, von der Aussicht auf einen Prestigeverlust geängstigt, der ihn noch rascher ins endgültige Abseits brächte, bleibt Degrelle – der sich das gern erspart hätte – nur eine Lösung: sich freiwillig zu melden. Seiner Argumentation, aufgrund seiner politischen Stellung komme ihm zumindest der Rang eines Leutnants zu, erteilen die deutschen Militärbehörden eine klare Abfuhr: »Mangel an militärischen und technischen Kenntnissen.«[3] Er beginnt also als Schütze in der ersten Gruppe des ersten Zugs der ersten Kompanie. Doch das ist kein Problem: Es wird der Legende später nur noch kräftigere Farben verleihen, und die rexistische

1. Eddy De Bruyne, »En avant Bourguignons!«.
2. Eddy De Bruyne, *Les Wallons meurent à l'Est*, S. 27.
3. Eddy De Bruyne, »Légion Wallonie«.

Der einfache MG-Schütze Degrelle »im Einsatz« für die deutsche Propaganda.

Eine rasche Beförderung.

Presse der Zeit kann gar nicht genug Fotografien vom »einfachen MG-Schützen« Degrelle bringen.

Degrelle überlebt nicht nur wie durch ein Wunder vier Jahre teilweise schrecklicher Gefechte – *Chance Degrelle, chance éternelle* (Degrelles Glück, ewiges Glück) wird damals gesungen –, sondern seine rasche Beförderung und der Tod mehrerer vorgesetzter Offiziere machen ihn 1944 endlich zum Kommandeur der Legion, die inzwischen als SS-Sturmbrigade »Wallonien« der Waffen-SS eingegliedert ist. Die als heldenhaft gerühmten Gefechte seines Verbands, vor allem im Februar 1944 beim Ausbruch aus dem sowjetischen Kessel von Tscherkassy, bringen ihm Orden, Beförderungen [1], Treffen mit Hitler und dann, im Herbst, seine Ernennung zum Volksführer der Wallonen (der höchsten zivilen Autorität der französischsprachigen Belgier im Reich). Seine Rechnung ist aufgegangen: sich den Deutschen auf dem Umweg über die militärische Kollaboration als unumgänglicher belgischer Gesprächspartner im Rahmen der Neuordnung nach dem Krieg aufzudrängen. Pech für ihn, dass die Nachkriegsordnung nicht nationalsozialistisch ist. Anfang Mai 1945 lässt Degrelle seine Männer bei Lübeck im Stich und flüchtet nach Norwegen;

1. Degrelle behauptete, von Himmler am 20. April 1945 zum Standartenführer (Obersten) und am 2. Mai zum Oberführer ernannt worden zu sein, und ließ sich »General« nennen. Doch laut De Bruyne gibt es keinen schriftlichen Beleg dafür, dass Degrelle nach seiner Ernennung zum Obersturmbannführer (Oberstleutnant) am 1. Januar 1945 noch weiter befördert worden ist. Der Historiker Alain Colignon erkennt die Ernennung zum Standartenführer an, nennt aber die nachfolgende »Erhebung […] rein verbal«. Es ist allerdings festzuhalten, dass Degrelle auf einer Fotografie aus dem Jahr 1983 in der Uniform eines Standartenführers posiert.

von dort bringt ihn ein Langstreckenflugzeug nach Spanien, wo er, obwohl von einem belgischen Gericht in Abwesenheit zum Tode verurteilt, seine Tage friedlich beschließt, umgeben von einem Kreis seiner Getreuen, unverbesserlich, stärker denn je in seine Lügen und sterilen Posen eingemauert.

Gleich nach seiner Ankunft in Spanien geschrieben und 1949 erschienen, dient das Buch *La campagne de Russie* vor allem der Rechtfertigung und Legendenbildung. Daher ist es nicht immer ganz aufrichtig. Doch von der Wahrheit hat sich Degrelle nie einengen lassen; in der Legion hatte er seinen Männern den Refrain »Lass mich deine Lügen noch mal hören, Léon, du lügst so wunderbar …« verbieten müssen.[1]

Die inneren, gelegentlich nicht sehr ruhmreichen Konflikte der Legion, die zahlreichen Kaltstellungen von Rivalen werden vollkommen vertuscht. Der Wechsel von der Wehrmacht zur Waffen-SS, von Degrelle im Rahmen seiner Machtpolitik gewollt, aber von einem Teil seines Offizierskorps und zahlreichen Rexisten entschieden abgelehnt, bleibt ausgespart: kein Wort von den langwierigen Verhandlungen, die seit Ende 1942 mit der SS geführt wurden; Anfang November 1943 ist die Legion einfach »zu einer starken Einheit der Waffen-SS geworden« (168). Gleiches gilt für seine Kommandeure; nach dem Krieg hat Degrelle immer behauptet, er habe als einfacher Infanterist beginnen

1. Eddy De Bruyne, *Les Wallons meurent à l'Est*, S. 176. Schon Anfang der dreißiger Jahre klagte Monsignore Picard, Leiter des Bunds der belgischen katholischen Jugend: »Schade, dass ein begabter Junge und überzeugter Katholik wie er ständig lügt« (Zeugnis von Baron Daniel Ruylandt in *Auto-portrait d'un fasciste*).

1942: Leutnant Degrelle
bei der Wehrmacht.

1943: SS-Obersturmbannführer
Degrelle bei der Waffen-SS.

Wenn wir Degrelle lesen, verstehen wir nicht recht, warum die Legion »Wallonien« Mitte 1943 in die SS überführt wurde. Der Schritt rief heftige Meinungsverschiedenheiten in den Reihen der Legion hervor; sogar Kommandeur Lucien Lippert, gewöhnlich sehr respektvoll gegenüber Degrelle, war beunruhigt: Er befürchtete, aus der Legion könnte »das Instrument einer antinationalen Politik« gemacht werden, so berichtet Eddy De Bruyne, was Lippert allerdings nicht daran hinderte, sich bei Tscherkassy in der SS-Uniform töten zu lassen. Doch Degrelle hatte offensichtlich erkannt, wo die Zukunft der Legion lag. Der rexistische Ideologe José Streel (auch er ein entschiedener Gegner des Wechsels) hat die ersten Treffen von Degrelle mit hochrangigen Vertretern der SS beschrieben: »Degrelle kam buchstäblich verwandelt zurück. Als hätte sich ihm ein neuer Markt erschlossen. Er hatte sich überzeugen lassen, dass die Zukunft der SS gehörte und dass nur, wer deren Unterstützung hatte, eine Rolle spielen könnte […].« Das half ihm auch, sich von dem zu befreien, was der Historiker Francis Balace »sein dreifaches Image als romanisch-belgizistisch-royalistischer Faschist« nennt und das ihm den Zugang zum inneren Kreis der Macht in der neuen deutschen Ordnung verwehrte: ein scharfsinniges Kalkül, das ihn aber auch nicht viel weiter brachte.

wollen;[1] doch in dem Buch löst diese kleine Lüge ein ziemlich verblüffendes Verdrängungsphänomen aus: Seine Vorgesetzten und seine Rivalen in der Legion werden nie mit Namen genannt, es ist immer nur die Rede von einem anonymen Kommandeur der Legion, von »wir« oder »ich« – bis zu dem Augenblick, da sie sterben.[2]

Dann kann Degrelle ihnen, im Moment des Schreibens von ihrem nachwirkenden Gewicht befreit, endlich einen Namen, ein Gesicht geben, und noch dazu ein ruhmreiches Gesicht (das sind keine Rivalen mehr, sondern Märtyrer):

> Eine Granate hatte den Prévôt John Hagemans getötet, den nationalen Führer der rexistischen Jugend, den ehemaligen kommunistischen Studenten […], der, zu unseren Idealen bekehrt, die Größe unserer alten Niederlande beschwor und zum heroischen Führer wurde, der die ihn abgöttisch liebende Neue Generation verzauberte. (139)

Oder am 13. Februar 1944 in Nowo Buda (die Legion, zu diesem Zeitpunkt die SS-Sturmbrigade »Wallonien«, soll eine deutsche Einheit ablösen): »Der Kommandeur Lippert und ich waren bei der Division zum Befehlsempfang« (248). Obwohl Lippert die Legion seit Juni 1942 befehligt, erfährt der Leser erst hier sei-

1. In dem Dokumentarfilm *Auto-portrait d'un fasciste* behauptet Degrelle, er habe von Hitler persönlich ein Telegramm bekommen, in dem er zum Leutnant ernannt worden sei: »Postwendend habe ich abgelehnt.«

2. Eine unbedeutende Ausnahme: Hauptmann Pauly wird in einer Szene der Kämpfe von Gromowaja Balka genannt (wo sich Degrelle übrigens eine in jeder Hinsicht erfundene Heldenrolle zuschreibt, die von den Fakten widerlegt wird); doch Pauly war rasch kaltgestellt worden.

nen Namen; am selben Tag und sieben Seiten weiter stirbt er. Unmittelbar zuvor aber heißt es:

> Unser Kommandeur [...] Lucien Lippert [...]. Als junger Eliteoffizier der belgischen Armee [...] hatte er sich dem antibolschewistischen Kreuzzug als wahrhaft christlicher Ritter angeschlossen. Seine Gesichtszüge waren von außerordentlicher Reinheit, seine Farbe frisch und seine Augen ernst und klar. Mit neunundzwanzig Jahren war er Oberstleutnant und lebte nur für seine soldatische Berufung [usw.]. (254)

In der zweiten Hälfte des Buchs, nachdem er selbst Kommandeur geworden ist, kann sich Degrelle erlauben, nachsichtiger mit den Helden und Märtyrern der Division »Wallonien« umzugehen: die Régibeaus, Leroys, Hellebauts, Thyssens, Verpoortens, Derricks tauchen haufenweise ab Estland und Pommern auf, um ruhmreich zu sterben oder erneut im Kielwasser eines rastlosen Chefs zu verschwinden.

Vor allem ist es das erklärte Ziel des Buchs, dem Kampf der wallonischen SS-Männer, die durch die Niederlage in Verruf geraten sind, einen Sinn zu geben. Es gehe darum, erklärt Degrelle beredt im Vorwort und wiederholt es mehrfach im Verlauf des Buchs, dem besiegten Belgien wieder eine Stimme in dem künftigen, von Deutschland organisierten Europa zu verschaffen. »Nur wer gekämpft hat, besitzt das Recht zu sprechen«, sagt er an anderer Stelle. Denn eines dürften wir nicht vergessen:

> Das Reich hat den Krieg verloren.
> Doch es hätte ihn genauso gut gewinnen können.

Am 11. Juli 1943 hält Konrad Schellong, Kommandeur der zur SS-Sturmbrigade »Langemarck« gewordenen »Vlaamschen Legioen«, eine Rede anlässlich des flämischen Nationalfeiertags. Der Brabanter Löwe, schwarz auf gelbem Grund, Emblem der Legion, hängt neben einer SS-Fahne.

Léon Degrelle hält, noch als Wehrmachtsoffizier, eine Rede in Berlin (etwa im Januar 1943). Hinter ihm, von Hakenkreuzen eingerahmt, reckt sich der Doppeladler des Heiligen Römischen Reichs Deutscher Nation, Symbol der Jeunesses légionnaires, darunter liegt, rot auf weißem Grund, das Burgunderkreuz der wallonischen Legion.

Die Kollaboration ist in Belgien, wie so vieles in diesem Land, eine Angelegenheit der Volksgruppen. Seit der Kapitulation können die – gemäßigten wie extremistischen – flämischen Nationalisten den Besatzern ihre Dienste gar nicht schnell genug anbieten, träumen sie doch bereits von einem Großflandern, das nicht nur das belgische und französische Flandern einschließt, sondern auch die Niederlande. Ihr Rassenstatus als »Germanen« verschafft ihnen einen deutlichen Vorteil gegenüber den Rexisten, die sich das gleiche Ziel gesetzt haben. Rasch wird eine Flämische Legion aufgestellt, was die Frankophonen wenig später zur Schaffung einer eigenen Wallonischen Legion zwingt, um nicht zurückzustehen. Von Anfang an herrscht ein erbitterter Konkurrenzkampf: Als die Flamen Brüssel zwei Tage vor den Wallonen verlassen, beschleunigen diese ihre Ausbildung, sodass sie vier Tage vor ihren Rivalen an die Front abrücken können. Doch die Flamenpolitik der Militärverwaltung wird Degrelle noch lange Zeit ein Dorn im Auge sein, daher sieht er sich am 17. Januar 1943 genötigt, das »Germanentum« der Wallonen zu verkünden. Meines Wissens ist es trotz der Existenz gemeinschaftlicher Rekrutierungsbüros nie zu gemeinsamen Kämpfen oder Paraden der beiden Verbände gekommen.

Am 8. August 1941 hält Léon Degrelle eine Rede anlässlich des Abmarschs der Legion »Wallonien« an die Ostfront. Im Hintergrund rechts, die Nazifahnen und das Porträt seines neuen Meisters flankierend, hängt das »burgundische« Emblem, das er für die Legion gewählt hat. Die deutschen Offiziere umgeben ihn, das belgische Volk lauscht ihm.

Am 5. März 1944 spricht Degrelle im Palais de Chaillot in Paris. Das Burgunderkreuz befindet sich jetzt im Zentrum, der Adler der Legion Französischer Freiwilliger und das Gammy der Miliz rahmen den Doppelblitz der SS ein. Von den französischen Kollaborateuren, die gekommen sind, um ihn zu hören, durch einen muskelbepackten Ordnungsdienst getrennt und durch einen Musikzug der Luftwaffe moralisch gestärkt, rügt der gerade von Hitler geadelte »Soldat Europas« die Französische Kollaboration wegen ihrer Laschheit angesichts der bolschewistischen Gefahr.

> Bis 1945 war der Sieg Hitlers möglich. Als Sieger hätte Hitler, dessen bin ich mir sicher, das Recht unseres Volkes auf Leben und Größe anerkannt [...]. (12)

Lassen wir die Schludrigkeit von Degrelles strategischer Analyse beiseite: Das Argument insgesamt ist zutiefst unehrlich. Während die rexistische Bewegung vor dem Krieg für ein vereinigtes und royalistisches Belgien kämpfte, vertrat Degrelle 1943 mit Begeisterung Hitlers Pläne einer Zerstückelung seines Lands. Flandern und Holland sollten vom Reich annektiert werden oder ein autonomes Großflandern bilden; eine neue Provinz, ein Gau, Großburgund, sollte geschaffen werden, für das nach den Aufzeichnungen von Kersten, Himmlers Masseur, folgende Gebiete vorgesehen waren:

> [...] die alten burgundischen Besitzungen im Norden, das Artois, der Hennegau und Luxemburg; Lothringen, die Freigrafschaft und das alte Herzogtum Burgund; im Süden die Dauphiné und die Provence, denen die Picardie mit Amiens und die Champagne mit Reims und Troyes angegliedert würden [...]. In der Hauptstadtfrage habe Hitler noch nicht entschieden, prüfe aber die Ansprüche von Reims und Dijon. Deutsch und Französisch sollten Amtssprachen werden. Die Regierungsgeschäfte würden von einem Reichsstatthalter und einem Kanzler wahrgenommen. Man erwäge, Léon Degrelle, den Chef der belgischen Rexisten, der sich an der Front ausgezeichnet habe, zum ersten Reichsstatthalter zu ernennen.[1]

1. Felix Kersten, *The Kersten Memoirs 1940–1945*, Macmillan Company, 1957, S. 184. Es hat nie ein offizielles deutsches Projekt gegeben; Hitler hat sich nicht eindeutig zu diesen Plänen geäußert, die daher je nach Zeitpunkt und Gesprächspartner höchst unterschied-

Schon während des Kriegs machte Degrelle kein Hehl daraus: In Sigmaringen und schon vorher hatte er sich offen zu seinen annexionistischen Bestrebungen bekannt und sich damit den heftigen Zorn führender Vertreter der Französischen Kollaboration zugezogen.[1] Doch die Niederlage verändert die Situation, und Ende 1945 geht es nicht mehr darum, ein nicht zu verwirklichendes Projekt zu retten, sondern das Bild eines reinen und integren Führers, der nicht ansteht, sich mit Christus selbst zu vergleichen:

> Den Besen in der Faust, bin ich unter diese Schurken gefahren, die meinem Vaterland das Mark aussaugen. Ich habe sie ausgepeitscht und gegeißelt. Ich habe vor allem Volk die weiß getünchten Gräber zerstört, unter denen sie ihre Schandtaten, ihre Diebereien, ihre einträglichen Betrügereien verbargen. (10)

WÖRTER

Doch eigentlich soll es hier nicht um Degrelles Politik, sondern um seine Sprache gehen. »Sagen wir mit wahren Worten, was sie für Heldentaten vollbrachten, wie sie kämpften, wie ihre Körper litten, wie sie ihre Herzen hingaben« (13), schreibt er. Gut

liche Gestalt annehmen. Dasjenige, auf das Kersten sich bezieht und das er von Himmler hat, besitzt also nur Beispielscharakter. Balace und Colignon untersuchen diese Frage eingehend in »Quelle Belgique dans l'Europe allemande?«, a. a. O.

1. Eddy De Bruyne, »Sigmaringen or Degrelle vs. the French Collaboration in exile, 1944–1945«.

denn, sehen wir uns an, was sie uns tatsächlich sagen, diese *wahren Worte.* Im Text.

»Der Faschismus [ist eine] Form der Produktion des Realen [...] keine Frage der Staatsform [...] auch nicht [...] der Wirtschaftsform, überhaupt nicht eine Frage eines Systems«, schreibt Klaus Theweleit in seinem wunderbaren Buch *Männerphantasien* aus dem Jahr 1977.[1] Theweleit hat, vielleicht als Erster, versucht, die Faschisten beim Wort zu nehmen. Anhand eines Korpus von rund zweihundert Romanen, Memoiren und Tagebüchern, die von ehemaligen deutschen Freikorpskämpfern der Jahre 1918 bis 1923 geschrieben wurden, bemüht er sich, die geistige Struktur der faschistischen Persönlichkeit zu analysieren. Unmöglich, hier dieses brillante, vielgestaltige, ungreifbare Buch zusammenzufassen; allenfalls können wir versuchen, die allgemeinen Schlussfolgerungen zu skizzieren. Der »Faschist« oder »soldatische Mann«[2] kann laut Theweleit nicht mit den Begriffen der Freud'schen Psychoanalyse erfasst werden, vielmehr ist eine Annäherung nur auf dem Umweg über die Psychoanalyse des Kindes (Melanie Klein, Margaret Mahler), die Psychose (Michael Balint und andere) und die von Deleuze und Guattari

1. Bd. I, S. 226. Indirekt bestätigt Degrelle Theweleits Diagnose in dem Film *Auto-portrait d'un fasciste*: »Hätte ich nicht diesen christlichen Anstrich gehabt, hätte ich sehr gut Sozialist werden können. Im Grunde bin ich nie ein Rechter gewesen.«

2. Theweleit verwendet die beiden Begriffe mehr oder weniger austauschbar, in den *Männerphantasien* vielleicht mit einer Vorliebe für »Faschist«. In dem Nachwort zu diesem Buch wird der Leser sehen, dass er dreißig Jahre später meist den »soldatischen Mann« bevorzugt, um etwas zu bezeichnen, was zweifellos als Komplex im psychoanalytischen Sinne des Wortes anzusehen ist.

übernommenen Begriffe möglich. Das Freud'sche Modell von Es, Ich, Über-Ich und damit der ödipalen Konstellation lässt sich auf ihn nicht anwenden, denn der Faschist hat die Trennung von der Mutter nicht abgeschlossen und sich nie als Ich im Freud'schen Sinne konstituiert. Der Faschist ist der »Nicht-zu-Ende-Geborene«. Aber er ist kein Psychopath; er hat eine partielle Trennung vollzogen, er ist sozialisiert, er spricht, er schreibt, er handelt in der Welt – leider oft sehr wirkungsvoll –, er ergreift sogar gelegentlich die Macht. Dazu hat er sich – durch Disziplin, Drill, Körperertüchtigung – ein äußeres Ich geschaffen oder schaffen lassen, ein Ich, das die Gestalt eines »Panzers« annimmt, eines »Muskelpanzers«. Der hält in seinem Inneren – dort, wo der Faschist keinen Zugang hat – alle seine Triebimpulse, seine absolut ungestalteten, weil nicht objektivierbaren Wunschfunktionen zurück. Doch dieser Ich-Panzer ist nie ganz undurchlässig, er ist sogar brüchig; er hält tatsächlich nur dank äußerer Hilfsmittel: Schule, Armee, sogar Gefängnis. In Krisenzeiten zerfällt er, und der Faschist läuft dann Gefahr, von seinen unkontrollierbaren Wunschproduktionen, der »Auflösung der personalen Grenzen« überschwemmt zu werden. Um zu überleben, veräußerlicht er, was ihn im Inneren bedroht, und alle Gefahren nehmen für ihn dann zwei eng miteinander verknüpfte Formen an: die des Weiblichen und die des Flüssigen, von »allem, was fließt«. Da der Faschist die Frau nicht völlig vernichten kann (er braucht sie, um sich fortzupflanzen), spaltet er sie in zwei Figuren auf: die weiße – natürlich jungfräuliche – Krankenschwester (oder Schlossherrin), die im Allgemeinen stirbt oder jedenfalls versteinert, es sei denn, der Faschist heiratet sie, woraufhin sie schlicht und einfach aus dem Text verschwindet, und die rote Krankenschwester (oder Hure), die der Faschist, um sein Ich zu erhalten, tötet, am liebsten, indem er sie mit Kolbenschlägen zermalmt und in blutigen Brei verwandelt. Was die Bedrohung durch das Flüssige angeht, so kann der Faschist sie entweder auf den Bolschewismus projizieren, in welchem Falle sie in Form der roten Flut zurückkehrt, gegen die er entweder den Deich seiner Waffen und seines (harten) Körpers errichtet, oder sie bändigen, indem er beispielsweise die Masse in den starren Kanal des nationalsozialistischen Aufmarschs lenkt.

(Bevor wir fortfahren, sei noch Folgendes angemerkt. Der von Theweleit untersuchte Korpus beschränkte sich, so umfangreich er auch war, auf Schriften, die in einer einzigen Sprache, Deutsch, verfasst waren und von Männern einer Generation stammten, die im deutschsprachigen Raum vor, sagen wir, 1900 geboren wurden. Als ich Degrelles Buch las, habe ich augenblicklich einige Bilder und Figuren erkannt, die Theweleit herausgearbeitet hat. Ich wollte sehen, ob es bei Anwendung seiner Methodik möglich sei, seine Thesen sozusagen experimentell zu verifizieren, und zwar an einem Mann, der in einer anderen Sprache schrieb, einer anderen Generation angehörte und vor allem den Ersten Weltkrieg nicht miterlebt hatte. Gewissermaßen als Fallstudie. Der Leser möge das Resultat selbst beurteilen. Jedenfalls fällt in Degrelles Einstellung zu Frauen eine wichtige Beschränkung auf. In *La campagne de Russie* finden wir deutlich die beiden in den *Männerphantasien* herausgearbeiteten Hauptfiguren wieder: Gleich zu Anfang die rote Hure in einer ukrainischen Isba: »Ein üppiges krebsrotes Mädchen wälzte sich beim Schein einer Öllampe von einem Russen zum andern. Sie war nur mit einem kleinen, ganz kurzen Flanellhemd bekleidet. Sie girrte lockend, schamlos und unermüdlich und setzte ihr Treiben fort, bis der Kreis erschöpft war« (49); in Pommern dann die weiße Krankenschwester: »Eine unserer belgischen Krankenschwestern, eine bewundernswerte Witwe, hatte ihre drei Söhne bei unserer Truppe im Felde stehen. Alle drei fielen gleichermaßen heldenhaft. Die so schwergeprüfte Mutter gestattete es sich nicht, ihren Dienst auch nur für einen Augenblick zu vernachlässigen. Im Gegenteil, sie wollte ihre Pflicht gerade dort tun, wo ihre Söhne gefallen waren, und bat mich, in der vordersten Linie Dienst tun zu dürfen. Sie nahm sich der Verwundeten mitten im Kugelregen mit solcher Aufopferung an, dass sie das Eiserne Kreuz erhielt.« (392 f.) Gelegentlich aber weichen Degrelles weibliche Figuren seltsam von Theweleits Modell ab. Eben noch wälzte sich das bolschewistische »Flintenweib« »in einem hysterischen Anfall am Boden« (130), »war besonders wild, sie schrie und war außer sich vor Wut« (196), wie es sich gehört, doch dann glich ihr Tod unerklärlicherweise dem der weißen Schlossherrin: »Vor allem eine, mit reizenden Sommersprossen, kämpfte wie eine Löwin. In der Wut des Kampfes zeigte sich eine ganz weiße kleine Brust unter ihrem khakifarbigen Uniformrock. So starb sie. Die Sommersprossen glänzten auf ihrem Gesicht wie die Blüten des Winterheidekrauts, und der kleine eiskalte Busen leuchtete zart. Nach dem Kampf deckten wir sie mit Schnee zu, damit die Last des Todes für ihre irdischen Reste leichter wäre [...]« (196). Dieses Netz von Entsprechungen und Abweichungen hätte ich gerne genauer untersucht, musste aber darauf verzichten: Der Text bietet zu wenig Beispiele, daraus lässt sich keine Stichprobe zusammenstellen. Ich hätte die Lektüre auf den gesamten Degrelle'schen Korpus erweitern müssen, doch dazu, ich gestehe es, fehlte mir der Mut. Theoretisch betrachtet, ist das die Hauptschwäche dieser Studie.)

Wie gesehen, muss der Faschist also, um sich zu strukturieren, die Welt strukturieren, üblicherweise, indem er tötet, und auch die Sprache, also die Wirklichkeit, strukturieren. »Wenn die Republik ›Sumpf‹ genannt wird, steht also nicht bloß eine Wortvorstellung für eine andere; was der Mann an sich spürt, ist wirklich ein Schleim, ein Brei.«[1] Für den Faschisten ist die Metapher nie *nur* eine Metapher (daher die Kraft, die unglaubliche Wirksamkeit der faschistischen Metaphern). Mit dem, was uns aus der Rückschau als höchst abgedroschenes ideologisches Klischee erscheint, werden konkrete körperliche Empfindungen mobilisiert; für den Faschisten sind sie wahr, er kann die Wirklichkeit dessen, was das Klischee behauptet, fassen, fühlen. Wenn Degrelle schreibt: »Die das Reich zerschlagenden Sowjets – das war Stalin über dem wehrlosen, zur Vergewaltigung bereiten Leib Europas« (19), denkt er vielleicht an das Schicksal der deutschen Frauen, tatsächlich aber ist es sein eigener After, der sich

1. Theweleit, a. a. O., Bd. I, S. 429.

Die weiße Krankenschwester: Degrelle spricht wallonischen Freiwilligen des Deutschen Roten Kreuzes, die an die Front aufbrechen, seine Anerkennung aus (Frühjahr 1944).

Die rote Hure: Die Leiche eines bolschewistischen »Flintenweibs«, von einer deutschen Propagandakompanie fotografiert (1941).

Wenn die sowjetische Propaganda das »Flintenweib« fotografiert (hier die berühmte ukrainische Scharfschützin Pawlitschenko), bekommt es natürlich die Merkmale und das Erscheinungsbild der weißen Schlossherrin, was zeigt, wie umkehrbar die Inhalte sind, die den von Klaus Theweleit beschriebenen Prozessen als Projektionsfläche dienen.

Nach Theweleit ist die Frau des Faschisten, wenngleich für die Fortpflanzung notwendig, systematisch abwesend, wenn er schreibt. Das bestätigt sich auch in *La campagne de Russie*, wo die Existenz von Marie-Paule Lemay, Degrelles erster Frau und Mutter seiner fünf Kinder, nie erwähnt wird. Er kann dafür ganz bewusste Gründe haben: 1945, als er das Buch schreibt, lebt Degrelle von seiner Frau getrennt, die

während seines Frontaufenthalts eine Affäre mit einem österreichischen Luftwaffenoffizier hatte (dessen Leichnam man mit einer Kugel im Nacken auffand, nachdem Degrelle kurz zuvor durch Belgien gereist war; obwohl ein SS-Richter versuchte, den rexistischen Führer anzuklagen, wurde die Angelegenheit nie aufgeklärt). Doch die Möglichkeit, dass Degrelles Entscheidung, seine Frau zu unterschlagen, bewusst war, steht keineswegs im Widerspruch zu Theweleits These: Unbewusste Projektionen stützen sich bekanntlich stets auf reale Inhalte und verstehen sich hervorragend darauf, gute Gründe für sich geltend zu machen.
Trotzdem lässt sich in dem Buch Madame Degrelles Existenz aus dem kurzen Auftritt seiner Kinder herleiten, die bei der Beschreibung der Siegesparade durch Brüssel am 1. April 1944 in einem Satz erwähnt werden: »Ich hatte die ganze Schar meiner aufgeregten Kinder auf den Panzer heraufgezogen.« (291) Häufig werden die zahlreichen vorhandenen Fotografien von dieser Parade in Büchern, Kalendern oder auf Internetseiten abgebildet, und sie verherrlichen die Heldentaten der wallonischen Kämpfer; für sie wie für Degrelle handelt es sich um die Apotheose, den Augenblick höchsten Ruhms. Das Bild, das ich hier wiedergebe, hat mich, als ich es zum ersten Mal sah, tief erschreckt. Was bedeuten dem glückseligen, triumphierenden Faschisten die eigenen Kinder? Mir scheint, sie haben hier keine realere Existenz für ihn als die Menschen, die er tötet oder töten lässt; er behandelt sie wie leere Figuren, die er, genauso wie die Blumen und die Orden, im Rahmen prächtiger Inszenierungen zur Schau stellt: denn für ihn gibt es tatsächlich nichts Lebendiges (doch das ist eine ganz persönliche Interpretation).

krampfhaft zusammenzieht. Und umgekehrt, alles, was der Faschist sieht, bestätigt ihm die Wirklichkeit seiner Produktionen. In Russland gab es wirklich Schlamm, Regen; in der Sonne verwesten die Kadaver der Feinde tatsächlich, und man hatte wirklich nicht die Zeit und die Mittel, sie zu begraben. Doch wenn der Faschist schreibt, bekommen der Schlamm und der Kadaver eine ganz andere Bedeutung als die einer objektiv beobachteten Wirklichkeit. Meinetwegen auch die eines Klischees:

> Der Kampf in Russland war der Kampf des Barbaren gegen den zivilisierten Menschen. Der Barbar hauste überall und aß alles. Der zivilisierte Mensch war das Opfer seiner Gewohnheiten und Bequemlichkeitsbedürfnisse, seiner Abhängigkeiten und seiner Unkenntnis der Natur. Ein Laublager genügte dem Tataren, dem Samojeden und dem Mongolen. Wir aber konnten ohne Zahnbürsten, die zwei Monate brauchten, um zu uns zu gelangen, nicht auskommen.
>
> Die komplizierte Ausrüstung, das Gepäck, der Wust der Zivilisation mussten unweigerlich besiegt werden. Und der Mensch der Laublager würde, nachdem er bedürfnislos Tausende von Kilometern zurückgelegt und die Schlacht des Wilden gegen den zivilisierten Menschen gewonnen hatte, vergnügt und behaart unter der ruhmreichen Quadriga Unter den Linden vorbeimarschieren […]. (91)

Aber wir schleppten durch die wildesten Länder das ganze Handikap der Zivilisation mit uns herum. Die Katzenhorde auf unsern Fersen besaß die Beweglichkeit und Kraft der Barbaren. Die Bestie siegte über den Lastwagen, weil sie sich bewegen konnte, wo der Lastwagen stecken blieb.

> Die deutsche Niederlage im Schnee und Schlamm Russlands 1943 und 1944 war zum großen Teil die Niederlage einer zu gut ausgerüsteten Armee, die in ihrem Ballast erstickte. (264)

Dass dieses Klischee wenig originell ist, noch nicht einmal besonders faschistisch – es findet sich schon in der Antike mit dem Gegensatz Griechen/Perser oder Athen/Sparta, bei den von den Mongolen besiegten Mohammedanern, bei den sesshaften Türken des Osmanischen Reichs, deren Sultan stets ein Zelt im Hof seines Palastes am Bosporus stehen hatte, um sich an seine nomadischen Wurzeln zu erinnern –, beeinträchtigt die Degrelle'sche Produktion nicht im Mindesten. Ob es faktisch falsch ist, ebenso wenig: Man braucht kein Experte zu sein, um zu wissen, dass die deutschen Truppen 1943 und 1944 praktisch das gesamte moderne Gerät verloren hatten, mit dem sie den Krieg begonnen hatten, und nicht in der Lage waren, es zu ersetzen, sodass sie – mit Ausnahme einiger Elitedivisionen – wieder auf Pferd, Karren und Schaufel angewiesen waren,[1] während die sowjetische Armee (mit Hilfe des amerikanischen Leih-und-Pacht-Gesetzes) zu einer der am stärksten motorisierten Armeen der Welt geworden war. Das weiß Degrelle ganz genau, er beschreibt es auch in den letzten Kapiteln seines Buchs eingehend. Nein, was zählt, was ins Auge fällt, ist nur, dass ein solcher Text etwas *bewirkt.*

1. Vgl. insbesondere Omer Bartov, *Hitlers Wehrmacht. Soldaten, Fanatismus und die Brutalisierung des Krieges. Reinbek 1995*, zu den Folgen dieser erzwungenen Rückkehr zu primitiven Verhältnissen.

(Nebenbei gesagt, ein solcher Ansatz ermöglicht uns ohne Schwierigkeiten die Feststellung, dass ein Mann wie Adolf Eichmann kein »Faschist« ist. Alles das, was er mündlich und schriftlich hervorgebracht hat, beweist es: Er ertränkt seine moralische Leere in bürokratischem Amtsdeutsch, aber er produziert keinen strukturierenden, wirksamen Text.[1] Hannah Arendt hatte recht: So willig, wie er dem Nationalsozialismus dient, könnte er auch für ein beliebiges Wirtschaftsunternehmen tätig sein; er hat es nicht nötig, Juden zu töten, um psychisch zu überleben. Wenn er versichert, nie Antisemit gewesen zu sein, dürfen wir ihm das getrost glauben, abgesehen davon natürlich, dass er sich am Ende mit seiner Rolle identifiziert, vor allem 1944 in Ungarn; nach Ende des Krieges verflüchtigt sich die Illusion von allein.)

Aber was *bewirken*? Offenbar das, was Theweleit die »Erhaltung des Ich« nennt. Das ist für den Faschisten eine Sache auf Leben und Tod. In dem Fall, der uns hier beschäftigt – soweit er sich aus der Lektüre von *La campagne de Russie* ergibt –, wird die Erhaltung des Ich durch eine Reihe strenger, fast mechanischer

1. Ich möchte den skeptischen Leser auffordern, sich mit dem Eichmann-Korpus zu befassen: seinen Gesprächen mit dem niederländischen Journalisten Sassen, in Deutschland teilweise vom *Stern* und in den Vereinigten Staaten im November 1960 vom Magazin *Life* unter dem Titel *Eichmann Tells His Own Damning Story* veröffentlicht; seinen Verhören durch die israelische Polizei, auszugsweise auf Deutsch unter dem Titel *Das Eichmann-Protokoll* (Severin und Siedler, 1982) erschienen, auf Englisch 1983 unter dem Titel *Eichmann Interrogated* (Farrar, Straus & Giroux, 1983) publiziert; seinem Prozess, den der interessierte Leser in allen Einzelheiten im Internet nachlesen oder, besser noch, in dem wunderbaren Dokumentarfilm *Ein Spezialist* von Rony Brauman und Eyal Sivan miterleben kann; und seinen Memoiren, die er zwischen seiner Verurteilung und Hinrichtung geschrieben hat und die seit kurzem auf Deutsch vorliegen.

Gegensatzpaare geleistet, deren zweites Glied für die dem Ich-Panzer drohende Gefahr steht, während das erste die Eigenschaften repräsentiert, die dem Faschisten erlauben, den Ich-Panzer zu verstärken und damit der psychischen Auflösung zu entgehen, einer Gefahr, die viel größer als die militärische Niederlage ist. Degrelles Text strukturiert sich in Gänze – und strukturiert damit auch die Wirklichkeit für ihn – mit Hilfe dieser Gegensatzpaare. Das wichtigste ist, wie wir sehen werden, der des Trockenen und des Feuchten; dann gibt es noch das Starre und das Formlose, das Harte und das Weiche, das Unbewegliche und das Wimmelnde, das Steife und das Schlaffe, das Aufrechte und das Liegende, das Saubere und das Schmutzige, das Gekochte und das Rohe, das Satte und das Hungrige, das Glattrasierte und das Behaarte, das Klare und das Trübe, das Durchsichtige und das Undurchsichtige, das Matte und das Glänzende, das Sanfte und das Schleimige und so fort. Diese Operationen müssen wir jetzt in Degrelles wahrhaftigen Wörtern – wahrhaftiger, als er selbst weiß – aufspüren.

DAS STARRE

Gegen alles, was fließt, muss der Faschist natürlich alles aufrichten, was erigieren kann. Gegen »den sowjetischen Ansturm […] den Strom seiner wimmelnden Völkerschaften […] stand eine ganze Jugend auf« (20); und diese schwellende Jugend »dachte an das Baptisterium in Florenz, die Kathedrale von

Reims, den Alcazar von Toledo und den Belfried von Brügge« (19 f.). Die europäische Zivilisation, die sie verteidigen, ist senkrecht, ist eine Zivilisation der Türme.

> Um fünf Uhr morgens liefen wir in den spiegelglatten, stahl-blauen Golf ein, vor der Hauptstadt Estlands, dem berühmten Reval der Deutschordensritter, das mit seinen spitzen Kirchtürmen am Hang, unter den mächtigen Wällen seiner ruhmreichen Burg lag.
>
> Jede alte Stadt der baltischen Länder [...] trug den Stempel der Vergangenheit. Sie alle hatten eine majestätische Burg, Zeichen jahrhundertelanger germanischer Kultur des Ordens, weiße Kirchen mit pfeilschlanken blauen Türmen. (296)

Das pommersche Stargard in Flammen, Februar 1945:

> Die alten viereckigen Türme der mittelalterlichen Kirchen reckten sich aufrecht und düster aus dem Flammenmeer empor. Sie widerstanden diesem Orkan, als ob sie den Himmel für die jahrhundertealte Kultur um Hilfe anflehen wollten, die dem Brande zum Opfer fiel.
>
> [...]
>
> Europa, das nun bei lebendigem Leibe brannte, war unser aller Heimat. Die viereckigen strengen Türme des Ostens waren die Schwestern der hohen grauen Türme von Saint-Rombaut in Mecheln und des Belfrieds von Brügge.[1] [...] Ich

1. Bei diesem Kommandeur der Division »Wallonien«, der davon träumte, Diktator eines französischsprachigen Großburgunds zu sein, mutet dieser systematische Rekurs auf flämische Kulturgüter merkwürdig an. Zwar ist sicher richtig, dass die flämische Architektur, wie mir eine belgische Freundin sagte, durch schlanke, hochaufragende Türme charakterisiert ist, während in Wallonien eher niedrige, gedrungene Festungsbauten vorherrschen, aber Degrelle erwähnt auch wiederholt die Windmühlen in Flandern (225);

Die Kanalisation all dessen, was fließt: Im Ausbildungslager Meseritz leisten die rexistischen Legionäre und die Angehörigen der Kampfgruppen von Fernand Rouleau am 28. August 1941 den Treueschwur vor Léon Degrelle.

Am 15. Juni 1942, Donez-Front: Die Legion »Wallonien« feiert den 36. Geburtstag von Léon Degrelle. Der bei dieser Gelegenheit ausgezeichnete John Hagemans schreibt an einen belgischen Freund: »Am 15. Juni fand eine wunderbare Geburtstagsfeier für den Chef statt. Eidesleistung in seinem Beisein, und alle Teilnehmer in Feldgrau. Das war sehr schlicht, aber wirklich ungewöhnlich beeindruckend [...].«

Wallonische und fläm sche Rekrutierungsplakate

fühlte tiefen Schmerz im Herzen über das entstandene Unheil. Auf der einsamen Terrasse in düsterroter Beleuchtung kamen mir die Tränen beim Anblick des Untergangs dieser alten Stadt und der stolzen Türme, die noch in ihrem Unglück voller Kraft in den Himmel ragten […]. (366)

Und, einfach zur Klärung des Unterschieds:

Narwa bildete die Grenze zwischen dem alten Europa und dem slawischen Asien. Der kleine Fluss, der durch die Stadt fließt, trennte zwei Welten. Auf dem Westufer stand das alte Schloss der Deutschordensritter mit seinen Zinnen, genau gegenüber auf dem anderen Ufer erhoben sich in der russischen Stadt die grünen Zwiebeltürme der orientalischen Kirchen. (297)

Generell empfiehlt es sich, aufrecht zu stehen, statt platt auf der Erde zu liegen; es ist sicherer:

Damit keiner meiner Leute die Nerven verlor, stellte ich mich auf die Brüstung des Grabens. Das war kein großes Verdienst. […] Man konnte schießen, soviel man wollte. Man traf mich nicht. […]

Ich hatte einen höheren estnischen Offizier aufgetrieben […] er war von einer panischen Angst besessen. Er hatte sich flach und steif wie ein Brett zu meinen Füßen auf den Boden gelegt. Eine Kugel traf ihn, anstatt mir den Fuß zu verletzen, mitten ins Gesicht, durchbohrte ihn von oben bis unten und fuhr zwischen seinen beiden Gesäßbacken wieder heraus.

---

die gesättigten Legionäre werden mit Figuren auf flämischen Gemälden verglichen (111) und so fort.

> Er krümmte sich wie ein Wurm, spuckte, schrie und schiss. Es war zu spät. Er hatte die Kugel zu rasch verdaut. Zehn Minuten später war er tot. (314)

Wir sehen, nicht nur Europa hat seine Erektionen, auch der Faschist, der Soldat, der es verteidigt. »Ich liebte das Soldatenleben, weil es gerade wie ein ›i‹ und frei von allen mondänen Zufälligkeiten, jedem Ehrgeiz und Eigennutz war. [...] Das geifernde Durcheinander der Rivalitäten, Empfindlichkeiten und Unanständigkeiten der politischen Kreise ekelte mich an.« (79) Das Übel ist nämlich nicht nur im Osten, es ist schon mitten in Europa. Es ist der »Sumpf des öffentlichen Lebens«, gegen den der Faschist den »harten Kampf der Ordnung, der Gerechtigkeit, der Sauberkeit« führt (9). Und, so erläutert Degrelle, dort, wo die Demokratie im Sumpf versinkt, gilt es, feste Fundamente zu errichten:

> Ich wollte mein Land von der diktatorischen Herrschaft der Kräfte des Geldes befreien, die die Macht korrumpierten, die Institutionen aushöhlten, die Gewissen beschmutzten, die Wirtschaft und die Arbeit zugrunde richteten. Die anarchische Herrschaft der alten Parteien, die alle von ihren finanzpolitischen Skandalen moralisch zerfressen waren, wollte ich auf legale Weise durch einen starken und freien Staat ersetzen, der, geordnet und verantwortungsbewusst, die wahren Energien des Volkes repräsentierte.
>
> [...]
>
> Ein Land kann nicht in Unordnung, Unfähigkeit, Unverantwortlichkeit, Unsicherheit und Verkommenheit leben. (9)

Für diese Aufgabe verfügt der Faschist über eine unfehlbare Waffe: den *Besen*, das Symbol, das von den Rexisten ab 1936 regelmäßig bemüht wird. Und wenn er versagt, wenn am Ende die Türme brennen und in sich zusammenfallen, dann liegt der Grund auf der Hand: »Diese Infanterie erwies sich als schlapp« (364). Unausweichlich auch die Konsequenzen dieser Schlappheit: »[...] über die Hälfte des ausgebluteten Europas ergoss sich die gelbe Flut der siegreichen Sowjets« (20). Wir kommen darauf zurück.

DER FEIND

Ein so vielgestaltiger Feind muss zwangsläufig auch vieldeutig sein. Meist ist er natürlich der Russe (205 Okkurrenzen im Text[1]), die Roten (119-mal), die Sowjets (63-mal) oder auch die Bolschewisten[2] (47-mal); aber er ist auch der Mongole (28-mal), die Asiaten (17-mal), die Kosaken (14-mal), der Muschik (10-mal), die Sibirier (9-mal), der Kirgise (8-mal), der Tatare (7-mal), der Kalmücke (6-mal) und der Samojede (2-mal). Nur einmal ist vom Slawen die Rede. Außerdem zu finden: Halbwilde, Meuchelmörder,

1. Da ich nicht, wie einige moderne Sprachforscher, über modernste elektronische Technik verfügte, musste ich mich mit einer – notgedrungen ungenauen – Handzählung dieser Wörter begnügen. Die genannten Zahlen geben nur die ungefähre Größenordnung an. Ich habe lediglich die substantivischen Formen berücksichtigt, keine adjektivischen wie »sowjetischer Panzer« oder »russischer Soldat«.
2. Ich gestehe, dass ich nicht recht weiß, ob es sich bei dem im französischen Original verwendeten Wort *bolcheviste*, das mir sonst nirgendwo begegnet ist, um einen Belgizismus oder einen Degrellismus handelt. Ich neige zu der zweiten Hypothese.

sowjetische Zwangsarbeiter, sibirische Zwangsarbeiter, Fallschirmjäger, Partisanen, Stalinisten, »Nicäner«, Russkis, »Baschi-Bosuks«, Ungeheuer, Wilde, Eingeborene, Kirgisenhorde, pausbäckige Mongolen, grünliche Kalmücken, kupferfarbene Mushiks, Katzenhorden. Ich habe sicher welche vergessen.

Die zahlenmäßige Verteilung der Begriffe ist allerdings ein wenig irreführend, da sie nicht berücksichtigt, wie Degrelle die Wörter verwendet. Bei der Lektüre ist zu beobachten, dass der Russe, der Bolschewist, der Kosak in der Regel noch weit entfernt vom Faschisten ist; er operiert, militärisch gesprochen, auf strategischer Ebene; sobald er sich nähert, den Faschisten im Nahkampf bedroht, kommen die Begriffe in Bewegung, ins Rutschen. Gelegentlich vollzieht sich die Verwandlung in wenigen Zeilen, wie hier: »Die Russen waren dreißig Meter vor ihnen« (65); dann »[...] fielen die Roten zu mehreren Tausend über die fünfzig Überlebenden her« (66). Wenn die wallonischen Soldaten eingekreist, in die Enge getrieben sind wie in Nowo Buda: »Ja, sie waren da, nicht nur die Russen Europas, sondern auch Mongolen, Tataren, Kalmücken und Kirgisen, die seit Wochen wie wilde Tiere durch die verschlammten Felder gelaufen waren, die sich im Dickicht hingelegt und von den Resten der abgeernteten Felder genährt hatten [...]. Sie waren da« (250). Und beim Angriff wälzen sich die Faschisten »mit Kirgisen und Mongolen durch den blutigen Schlamm« (377). Degrelles Wortschatz beschreibt, verfolgt, übernimmt die Kurven seines Blutdrucks, seiner Herzfrequenz. Der Mongole ist kein Mensch, noch nicht einmal ein Feind, er ist ein Symptom.

DIE DEUTSCHE KOLONISATION ALS ICHERHALTUNGSMASSNAHME

Als die deutschen Truppen am 22. Juni 1941 die sowjetische Grenze überschreiten, dringen sie auf ein Territorium vor, das nicht nur in politischer und wirtschaftlicher, sondern auch in topographischer Hinsicht formlos ist (»die Steppe«). Daher ist es dringend geboten, dieses Territorium zu strukturieren, zu überwachen, zu trassieren – bestünde doch sonst die Gefahr, darin zu versinken.

> Die Armee kämpfte vor allem mit Axt, Säge und Hacke. Die Vorhut bekämpfte den Feind und vertrieb ihn, Kilometer um Kilometer, aus seinen Stellungen. Hinter ihnen legten die Pioniere auf den Bergen [wir befinden uns hier im Kaukasus] und den schlimmsten Hindernissen völlig neue Straßen an. [...] Die schwersten Kettenfahrzeuge konnten diese Straße ohne weiteres [...] befahren und so zu den Gipfeln gelangen.
>
> [...]
>
> Während die Pioniere diese Zugangsstraße [...] anlegten, entstanden richtige Waldstädte. Jeder Deutsche trägt in seinem Herzen die Sehnsucht nach einer Alpenhütte. Ein paar dieser kleinen Bauten waren Meisterwerke in ihrer Anmut, Bequemlichkeit und Widerstandsfähigkeit. Jeder Bau hatte seinen eigenen Namen. (147 f.)

Diese Reterritorialisierung (in der Deleuze'schen Bedeutung des Wortes[1]) umfasst nicht nur den physischen Raum, sondern

1. Zu den Begriffen *Deterritorialisierung* und *Reterritorialisierung* vgl. das Werk von

auch seine Repräsentationen: »Der Vormarsch ging so rasch vorwärts, dass wir jeden Tag neue Karten brauchten. Sie wurden in Spezialllastwagen, die mit unseren Kolonnen fuhren, je nach dem Gang der Entwicklung der Offensive gedruckt. Auch in den geringsten Einzelheiten herrschte wunderbare Ordnung.« (114) Wo das Formlose, Leere, Nutzlose und der lähmende Schlamm herrschten – »Sobald wir uns diesen Wohnblocks näherten, empfing uns der eklige, fade Gestank nach Schlamm und Exkrementen, der aus dem Morast rund um diese Gebäude aufstieg« (25) –, bringen die Deutschen im Zuge ihres Vormarsches das Rechtwinklige, Planvolle, Nützliche und die Infrastruktur:

> Wenn das nationalsozialistische Deutschland triumphieren sollte, träte es im Osten die Herrschaft über ein ungeheuer entwicklungsfähiges Land an, das, direkt an seiner Flanke gelegen und unmittelbar durch Bahnlinien, Flüsse und Kanäle mit ihm verbunden, seinem organisatorischen und produktiven Genie offenstünde. (18)

Deleuze und Guattari, *Kapitalismus und Schizophrenie*, Bd. I, *Anti-Ödipus*. Dazu liefert Theweleit folgende Definition: »[...] parallel zum Prozeß der primären Akkumulation in der Industrie, der eine unbekannte Entgrenzung der Produktionsmöglichkeiten der Menschen schafft, der Geld-, Waren-, Arbeiterströme in Gang setzt und sich selbst mit den Blut- und Schweißströmen der Arbeiter und außereuropäischen Völker antreibt, läuft ein gesellschaftlicher Prozeß der *Begrenzung*, der auf die Entfaltung der menschlichen Lüste zielt. Deleuze/Guattari nennen den ersten Prozeß eine ›Deterritorialisierung‹ – die Erschließung neuer Möglichkeiten der Wunschproduktion auf dem organlosen Körper –, den zweiten Prozeß eine ›Reterritorialisierung‹, das ist der gewaltsame Versuch der Herrschenden, die neuen Produktionsmöglichkeiten nicht zu neuen Freiheiten der Menschen werden zu lassen.« (Theweleit, *Männerphantasien*, Bd. I, S. 273.)

Irgendwo im Osten: Lucien Lippert und Léon Degrelle blicken in die strahlende Zukunft.

Lucien Lippert, der Kommandeur der Legion (mit verschränkten Armen), überwacht die Ausbildung seiner Männer. Rechts von ihm, in weißer Uniformjacke, ein Zugführer, Feldwebel Pierre Dengis.

Degrelles Lobeshymne auf die deutsche Kolonisation ist es wert, ausführlich zitiert zu werden:

> Seitdem die Ukraine zu Europa gehörte, hatte sich dieses Hinterland in eine unvorstellbar große Werkstatt verwandelt. Überall, wo wir noch vor einem Jahr nichts vorgefunden hatten als Eisenbahnschienen, die infolge slawischer Nachlässigkeit vor sich hin rosteten, und brandgeschwärzte Gebäude, die den systematisch gelegten Feuern der Sowjets zum Opfer gefallen waren, erhoben sich nun moderne Bahnhöfe mit Gleisanlagen von fünfzehn oder zwanzig Schienensträngen, an denen große neue Beton- oder Ziegelgebäude standen.
>
> [...] Als Soldaten hatten wir einen zerstörten Raum erobert, in dem die Sowjets vor ihrem Rückzug nach Osten Fabrik um Fabrik völlig vernichtet oder ausgeräumt hatten. Innerhalb von vierzehn Monaten hatte die deutsche Industrie es fertiggebracht, Neubauten zu errichten und alles von Grund auf neu zu schaffen und umzuwandeln.
>
> Am Dnepr bot sich das gleiche Schauspiel wie im Donez-Becken. Eine zweigeschossige Brücke – mit einem Stockwerk für die Eisenbahn und einem anderen für Kraftfahrzeuge – war in wenigen Monaten über diesen mehr als einen Kilometer breiten Fluss errichtet worden. So weit man sehen konnte, erglänzte die Stadt im Schein aller Lichter. Überall sah man in der Nacht die Lichter riesiger Fabriken. [...]
>
> Im Laufe eines Jahres hatte Deutschland in Russland die reichste Kolonie der Welt geschaffen. (166)

Der vollkommen phantasmatische Charakter dieser Vision spielt hier kaum eine Rolle. Bekanntlich waren sogar zahlreiche nationalsozialistische Beobachter entsetzt über die Fahrlässigkeit,

Unfähigkeit, die Korruption und die Brutalität, mit der Gauleiter Koch und seine Führungskräfte ihr Besatzungsregime ausübten; in Berlin häufte sich die Kritik.[1] Doch Degrelle ist nicht an der Wahrheit interessiert, sondern an der Realität, seiner faschistischen Wirklichkeit: Hieß sein Tagebuch nicht völlig zu Recht *Le Pays réel* – Das wirkliche Land? Die Dinge sind so, weil sie nur so sein können; wenn der Nationalsozialismus erobert, muss er organisieren und bauen, also organisiert und baut er – das ist eine Selbstverständlichkeit, der gegenüber Fakten kaum zählen. Sogar Degrelles Auffassung des physischen Raums, seine räumliche Vorstellung gründen sich auf diese Prämisse. Wäre es anders, kämen alle von ihm mobilisierten Erhaltungsmechanismen des Ich ins Stocken. Kein Zweifel wandelt ihn an; jede Abweichung von diesem Schema ist ein Zufall, ein vorübergehender Fehler, der nichts in Frage stellt: Wenn Dorfbewohner zu den Partisanen gehen, ist der Grund, dass sie »von den deutschen Verwaltungsbeamten manchmal ungeschickt behandelt worden« waren (177).

DER FASCHIST ERGIBT SICH NICHT – ER FLIESST

Weder die Partisanen noch die Rote Armee sind diesem Ordnungssinn, diesem geordneten Sinn, gewachsen, den der Faschist

1. Vgl. beispielsweise die Tagebücher oder Berichte von Otto Bräutigam, Ministerialdirigent im Reichsministerium für die besetzten Ostgebiete, in verschiedenen deutschen Veröffentlichungen oder die historischen Gesamtdarstellungen – beispielsweise *Deutsche Herrschaft in Rußland 1941–1945: eine Studie über Besatzungspolitik* von Alexander Dallin, *Ein Haus auf Sand gebaut* von Gerard Reitlinger oder auch *Der Fall Theodor Oberländer (1905–1998): Ein Lehrstück deutscher Geschichte* von Philipp-Christian Wachs.

verkörpert, nur das Feuchte kann mit ihm fertig werden. Degrelle sagt es gleich zu Anfang seines Buchs mit aller Deutlichkeit:

> Wer die Bedeutung des Schlamms für das russische Problem nicht erkannt hat, kann nicht im Entferntesten begreifen, was sich in den vier Jahren an der europäischen Ostfront zugetragen hat. [...]
>
> Die Kälte kann überwunden werden, sie ist überwunden worden, der Vormarsch ist auch bei vierzig Grad unter null möglich. Aber der russische Schlamm ist unschlagbar. Nichts kann ihn besiegen, weder der Mensch noch das Material. [...]
>
> Stalin ist der Katastrophe nur um vierzehn Tage entgangen. Vierzehn Tage länger Sonne, und der ganze Nachschub der Sieger hätte folgen können. [...]
>
> Hitler hatte Millionen sowjetischer Soldaten zermalmt, ihre Luftwaffe, ihre Artillerie und ihre Panzer vernichtet. Aber er vermochte nichts gegen den Regen, der vom Himmel fiel, gegen den alle Vorstellungen übersteigenden öligen Schwamm, der sich an den Füßen seiner Soldaten, den Rädern seiner Tankwagen, den Ketten seiner Panzer festsaugte. Der größte und schnellste militärische Sieg aller Zeiten wurde kurz vor seiner Vollendung aufgehalten durch den Schlamm. Allein durch den Schlamm, jenen Urschlamm, so alt wie die Welt, der in seiner Zähigkeit mächtiger ist als die Strategen, das Gold, das Hirn und der Stolz des Menschen. (27 f.)

Noch schrecklicher als die Roten ist also für den Faschisten dieser »gewaltige Schlamm, der fürchterliche russische Schlamm, zäh wie geschmolzener Gummi« (171), der sich in unkontrollierbaren sprachlichen Wucherungen ausbreitet: »Meere von Schlamm« (22), »schwarzer [...] Schlamm«, »schwarz und zäh

Der Schlamm, 1. Wallonischer Legionär, Zeit und Ort unbekannt.

Der Schlamm, 2. Wallonischer Legionär, Donez-Becken, Ende Frühjahr 1942.

wie Pech« (22), »fauliger Schlamm« (30), »riesige Kloake« (80), »finstere Tümpel« (126), »schlammiges Wasser« (127), »Schlammlöcher« (146, 215), »stinkender Schlamm« (153), »zähe Schlickböden« (171), »klebriger Morast« (176), »sumpfiges Gelände« (186), »Schlammmeer« (208), »gewaltiger Schlamm (Leim)« (209), »tiefer Schlamm« (209), »klebrige Fluten« (213), »Torf« (213), »Schlamm, der einen halben Meter tief war« (216), »zäher Schlamm« (216), »schwärzliche Löcher« (238), »gewaltige Kloake« (217), »schlammiges Wasser« (221), »grauenhaft zähflüssiges Loch« (228), »sirupartiger Morast« (231), »abenteuerlicher Schlamm« (231), »ein zäher, öliger Lehm« (234), »Lavastrom« (236), »unwahrscheinliche Schlammfelder« (238), »Schlamm wie Fensterkitt« (357), »verschlammtes Brachland« (361).

Tatsächlich greift diese schleimig zähflüssige Eigenschaft auch rasch auf den Bolschewisten selbst über:

> Die Russen krochen zwischen uns hindurch [...], ekelhafte Schlammungeheuer, struppig, mit flachen roten Backenknochen, und beim Lachen zeigten sie gelbe Zähne. (239)
>
> Schon schlichen die ersten Russen, richtige Schlamm- und Nachtwesen, in die Isbas. (241)
>
> Nunmehr kämpften die sowjetischen Soldaten bis zum letzten Atemzug oder glitten uns durch die Finger wie Schlangen. (190)

Um diesem Schlamm zu widerstehen, um standzuhalten, gab es nur eine Lösung: sich noch mehr zu versteifen:

> Ich fand General Gille mit hartem Blick und aufeinandergebissenen Zähnen. Seine Befehle waren hart wie Stahl. […]
> Meine Befehle an die Offiziere gingen hinaus. Sie waren scharf wie Pfeile. (256 f.)

> Meine Soldaten lagen in den Gräben und im Getreide, schweigend und unbeweglich wie trockenes Holz. (302)

> Unsere Soldaten steckten wie die Pfähle in ihren Sumpflöchern. Sie waren nun allem gegenüber unempfindlich geworden. (241)

Im schlimmsten Fall können sich die Faschisten noch in »Schildkrötensoldaten« verwandeln (87).

TROCKENE KÖRPER, FEUCHTE KADAVER

Anfangs hatte ich daran gedacht, dem Text den Untertitel *Anatomie eines faschistischen Diskurses* zu geben. Denn es wird hier in großen Teilen durchaus um Anatomie gehen. Für den Faschisten steht die Unversehrtheit seines Körpers auf dem Spiel (mag es auch ein imaginierter Körper sein). Daher ist es nicht erstaunlich, dass der Körper zugleich Einsatz, Schauplatz und vornehmstes Opfer des psychischen Konflikts ist, bei dem sich das Panzer-Ich gegen die Gefahr der Auflösung stemmt.

Der eigene Körper des Faschisten ruft augenblicklich einen Komplex eng zusammenhängender Vorstellungen ab, die durch den Gegensatz zum grässlichen Körper der Roten noch deutlicher werden:

> Diese haarigen Riesen, Mongolen mit Riesenohren und melonenförmigen Schädeln, schwarzem dichtem Haar, mit Backenknochen, so flach wie Speckschwarten, diese asiatischen Katzen mit kleinen glänzenden Pupillen, die sich kaum wuschen, in Lumpen herumliefen und nie müde wurden, erschienen wie vorgeschichtliche Ungeheuer neben unsern jungen Soldaten mit den zerbrechlichen schmalen Körpern und der zarten Haut. (192)

> Die Bolschewisten ergaben sich, Riesen mit Schlitzaugen, die wie Gorillas aussahen und die nun von unseren mädchenhäutigen Buben mit Kolbenstößen traktiert wurden.
>
> Die Hälfte unserer Kinder-Gladiatoren war bei dem Vorstoß aus dem Gebüsch und beim Überqueren des Flusses umgekommen. […] Ihre durchsiebten schmächtigen Körper schwammen nun unter den Wasserfällen. (137)

Der Gegensatz betrifft auch die Stimme: »Die Roten […] setzten mit dem üblichen Geschrei zum Angriff an. Ein anderer gellender Schrei aus zarteren Kehlen antwortete ihnen.« (137) Was die Lust angeht, die diese Körper bewohnen könnte, so entspricht sie, wie nicht anders zu erwarten, seinen politischen Überzeugungen: »Diese Jungens von sechzehn und siebzehn Jahren waren von kristallklarer Reinheit und voller Idealismus.« (173) Doch wenn die Faschisten unter sich sind – wenn keine Bolschewisten in der Gegend sind –, sind sie häufig entkleidet. Dann können sie ihre heliophilen Neigungen ungehemmt ausleben: »nackt wie die Adamiten« (30); »Voller Kraft und ohne Bekleidung sprangen wir ins Wasser und schwammen lange im rauschenden Meer.« (297); »Wir warfen uns fast nackt auf die Pferde, trunken, die Luft zu durchjagen, jung und stark zu sein und mit unseren glühenden Augen die glühende Steppe zu beherrschen!« (90 f.). Doch so kollektiv diese Nacktheit auch sein mag, ihr haftet nichts Zweideutiges an. Tatsächlich arbeitet der Faschist unablässig an seinem Körper, um ihn von allem Feuchten zu reinigen, egal, ob es die Form des »offiziellen Sumpfs« oder der erotischen Feuchtigkeit annimmt:

> Früher mochten wir ein banales Dasein geführt haben, von den Konzessionen an das tägliche Leben befleckt. Die Front hatte uns den Verzicht lieben gelehrt. Wir fühlten weder Hass noch Begehren. Wir hatten unseren Körper überwunden, unseren Ehrgeiz abgetötet, unsere Fähigkeiten geläutert und erweitert. Auch der Tod schreckte uns nicht mehr. (80)

Natürlich dürfen wir diese letzte Versicherung nicht allzu wörtlich nehmen. Tatsächlich ist der Tod für den Faschisten der Ursprung aller Schrecken – nicht nur an sich, sondern auch, weil er eine Gefahr heraufbeschwört, die schlimmer als der Tod ist: die der Auflösung.

(Hier ist ein kleiner Exkurs vonnöten. Das hoch besetzte Vokabular, das Degrelle bemüht, um seine jungen Kameraden zu beschreiben – »mädchenhäutig«, »zerbrechliche, schmale Körper«, »schmächtige Körper« –, wirft die Frage nach seiner Homosexualität auf. Sie ist allerdings nach meiner Meinung gegenstandslos. Theweleit hat sich ausführlich mit den komplexen Beziehungen zwischen Faschismus und Homosexualität auseinandergesetzt: Auf die Arbeiten Guy Hocquenghems gestützt, geht er von ihrer grundsätzlichen Unvereinbarkeit aus.[1] Trotz der Bemühungen einer dissidenten Minderheit, eine theoretische (Hans Blüher) und praktische (Ernst Röhm) Annäherung herbeizuführen, sind Faschismus und Päderastie nie wirklich miteinander ausgekommen. Dem Deterritorialisierungsvermögen des Anus wohnen zu starke Auflösungstendenzen inne, der Analverkehr bedroht die Grenzen zu grundsätzlich, als dass der Faschist es ertragen könnte. Allerhöchstens lässt eine Anzahl faschistischer Figuren – Aufmärsche, Massensport, Jugendbewegungen – Raum für eine gewisse Homoerotik, wenn auch in abgeschwächter, idealisierter und vollkommen asexueller Form. An einer Stelle fragt Theweleit nach den Lösungsversuchen aus demselben Dilemma, ob »der homosexuell *Werdende* [...] zu einer *Sexualität* flüchten« sollte, während der soldatische Mann [der Faschist, der »Nicht-zu-Ende-Geborene«] ihr entkommt und sein Heil im »weißen Terror« sucht.[2] Wenn dem so wäre, müsste man bedauern, dass sich Degrelle dieser Form der Lust nie hingegeben hat: Vielleicht hat ihm genau das gefehlt, um ein Mensch zu werden – ein Schwanz im Arsch.)

Halten wir fest, dass der Faschist selbstverständlich nicht stirbt: Er fällt auf dem Feld der Ehre, er opfert sich, er gibt sein

1. Vgl. *Männerphantasien*, Bd. I, S. 61–66, und vor allem Bd. II, S. 302–340, das Kapitel »Homosexualität und Weißer Terror«, sowie Guy Hocquenghem, *Le désir homosexuel*, Éditions universitaires, 1972.
2. Theweleit, op. cit., Bd. II, S. 310.

Degrelle und die Blüte der europäischen Jugend.

Einer der »Kinder-Gladiatoren [...] mit den zerbrechlichen Körpern« der Legion, Jacques Jourdain, der John Hagemans im März 1942 an die Front folgte und im Kaukasus durch einen winzigen Granatsplitter mitten ins Herz getötet wurde.

Leben hin, er bringt es auf dem Altar des Vaterlandes dar. Was aber nichts daran ändert, dass der Körper im Wesentlichen ein Sack voll Flüssigkeiten ist (Blut, Eiter, Urin, Exkrementen) und dass diese, wenn er geöffnet wird, überall hinausfließen. Und der Gedanke an dieses Verfließen, diese Verflüssigung des Körpers, macht den Faschisten wahnsinnig. In dem Bemühen, diese Angst in den Griff zu bekommen, setzt er eine Anzahl von Erhaltungsstrategien ein, die sich alle auf den Körper gründen, seinen eigenen und den des anderen.

Zunächst einmal gilt es, die dem Tod (als der Grenzverletzung schlechthin) innewohnende Verflüssigung auf den Körper oder vielmehr Kadaver des Feindes zu projizieren. Ist der Faschist aber erst einmal auf dieser Schiene, gibt es kein Halten mehr, und er schießt rasch über jedes Maß und Ziel hinaus.

> Auf den Wegen verfaulten die Leichen der Roten in großer Zahl. [...] Schon vollkommen in Verwesung übergegangen, lagen die Mongolen und Tataren in Haufen und ergossen aus allen Körperöffnungen Tausende von gelblichen Larven. (91)

> Stinkende Nager krochen und wanden sich in die Bäuche toter Soldaten. Die schwärzlichen Leichen bewegten sich manchmal, als lebten sie noch. (95)

> Bei fünfzig Grad Hitze zersetzten und verflüssigten sich die von den Stukas getroffenen Körper in zwei oder drei Tagen. Dann tat die Sonne das ihre. [...] Die getöteten Bolschewisten glänzten im Zustand der Auflösung schwärzer als Neger. (112)

> So mussten wir mehrere Wochen lang die langsame Verwesung dieser vor unseren Augen liegenden Toten mit ansehen. Schließlich lösten sich die Schädel, einer nach dem anderen, und fielen in die Tiefe. Oberhalb der Schultern blieben nur die weißlichen schaurigen Halsknochen, einer über dem anderen, wie Negerhalsbänder. (162)

Wenn dieser Verflüssigungsprozess sich nicht rasch genug vollzieht, verliert der Faschist die Nerven und beschleunigt ihn:

> Die Leichen der Russen waren fahler denn je. Ihr Unterleib wurde grünlich, grün wie frisches Gras. Die ständige Gegenwart der nackten Toten versetzte uns schließlich in Wut; mit Fußstößen warfen wir sie, einen nach dem andern, hinunter. (152)

Selbst der Frost vermag die Verwesung des bolschewistischen Kadavers nicht aufzuhalten:

> […] alle Russenleichen, die zwei Tage vorher noch im Wasser schwammen, waren an Ort und Stelle eingefroren. Aus dem Eis ragten hier eine Hand, da ein Stiefel und dort ein Kopf heraus.
>
> Langsam beseitigten die Schlitten diese Hindernisse, indem sie Nasen und Wangen abschliffen, die sich wie Hobelspäne ablösten.
>
> Nach ein paar Tagen war alles eingeebnet: Es blieben nur Halbhände, Halbgesichter, die mit der Oberfläche des weißen Glatteises abschlossen, als wären sie Riesenfische an den Scheiben eines Aquariums. (59)

Der Faschist unternimmt natürlich alles, um sich vor dieser Auflösung zu schützen. Aber sie fällt über ihn her, vermag sogar in seinen Körper einzudringen: »Wir hatten diesen Mongolen mehrere Wochen lang getrunken« (78), muss er sich entsetzt eingestehen, als er einen verwesten Leichnam im Brunnen seines Lagers entdeckt. Und er ist kein Idiot, er weiß natürlich, dass sein eigener Körper in großer Gefahr ist, das gleiche Schicksal zu erleiden. Doch das gilt es um jeden Preis zu vermeiden. Daher muss er eine systematische Reterritorialisierung der eigenen Toten vornehmen. Dieses Unterfangen findet bei Degrelle auf drei Ebenen statt: der des Kitsches, der der Verwundung und der der Bestattung.

Fangen wir mit dem Kitsch an. Ich nenne ihn Degrelles Tim-Image – nach der Comicfigur aus *Tim und Struppi*.[1] Die Komik

1. Der Vergleich ist nicht ganz zufällig. Degrelle und Hergé, Schöpfer der Comic-Reihe *Tim und Struppi*, stammen beide aus dem gleichen katholisch-konservativen Milieu, in dem Rassismus und Antisemitismus in unterschiedlichen Ausprägungen selbstverständlich waren. Die beiden Männer haben sich Ende der zwanziger Jahre kennengelernt; von Abbé Norbert Waller, einem glühenden Mussolini-Verehrer, miteinander bekannt gemacht, sind sie einige Zeit lang gemeinsam in den Redaktionsräumen des *Petit Vingtième* tätig, der »jungen« Beilage der radikal katholischen Tageszeitung *Le Vingtième Siècle* (für die auch der junge Reporter Tim arbeiten wird). 1932 illustrierte Hergé für Degrelle die *Histoire de la guerre scolaire, 1879–1884*, von der mehr als 100 000 Exemplare verkauft wurden. Doch als Degrelle 1935 den spektakulären Bruch mit seiner politischen Heimat vollzog und als sich andeutete, dass die Rexisten zu einer wirklich faschistoiden Rechten abzudriften begannen, ging Hergé deutlich auf Distanz; weit entfernt von Degrelles militantem Nazismus, folgt Hergés Kollaboration während des Krieges bei dem von der deutschen Zensur »gestohlenen« *Soir* (trotz einer Anzahl unverhohlen antisemitischer Karikaturen) einer rein opportunistischen Logik. Eine Haltung, von der er bei der Befreiung profitieren wird: Hergé kommt mit zwei Nächten Gefängnis davon. Während Degrelle dem engstirnigen Mief des Nazismus im Exil verfällt, hat Tims Vater seine Vorkriegswerke rasch »gesäubert« und kann sich zu dem sympathischen Zeichner läutern, den wir alle kennen.

ist unfreiwillig und wird als »faschistischer Kitsch« erst in der Rückschau erkennbar – durch eine zeitgenössische Empfänglichkeit für die tödliche Lächerlichkeit des Details. Ich beschränke mich auf zwei Beispiele:

> Unser erstes Ziel war die Mühle.
>
> Mein Fahrer, Léopold Van Daele, ein Held des Ersten Weltkriegs, stürmte selbst vor den Panzern über freies Gelände. Er war Flame. Eine Windmühle war für ihn ein vertrauter Begriff aus der Landschaft seiner Heimat [...]. Als Erster erreichte er einen der schwarzen Windmühlenflügel und schoss mit einem Feuerstoß seiner Maschinenpistole drei Stalinisten nieder.
>
> Aber ein Mongole zielte auf ihn aus dem Graben heraus, gegen einen Stützbalken gelehnt. Die Kugel traf ihn unter dem Kiefer und kam durch die Schädeldecke wieder heraus. Er besaß noch die unglaubliche Energie, in seine Tasche zu fassen und als alter Christ seinen Rosenkranz in die Hand zu nehmen. Dann fiel er tot um, die großen blauen offenen Augen auf die gewaltige Mühle gerichtet, die den alten Mühlen auf den Wällen von Brügge in Flandern ähnlich war. (225)

> Lucien Lippert sprang auf und gelangte bis zur Tür.
>
> Im gleichen Augenblick stieß er einen furchtbaren Schrei aus, der bis ans Ende von Nowo Buda zu hören war, einen Schrei, wie ihn nur der Tod entreißt, den unmenschlichen Schrei des Mannes, dem man plötzlich das Leben entreißt: Mit klaffender, von einem Explosivgeschoss zerfetzter Brust fiel Lucien Lippert wie ein Klotz auf die Knie.
>
> Er wischte sich mit der Hand über die Stirn und besaß noch die ungewöhnliche Geistesklarheit, seine auf den Boden

Lange Zeit erhob Léon Degrelle mit boshaftem Vergnügen Anspruch auf sein »Tim-Image«, indem er etliche Jahre lang versuchte, der Figur ihr positives Ansehen wiederzugeben. Gegen Ende seines Lebens verfasste er ein Buch, in dem er sich die Vaterschaft von Hergés Helden zuschrieb, von dessen Veröffentlichung er sich dann aber abbringen ließ, teilweise durch Intervention von Stéphane Steeman, einem prominenten Liebhaber der Comicserie (was einen Skandal in Belgien hervorrief). Einige Jahre nach Degrelles Tod begann unter der Hand ein großformatiges Buch mit Hochglanzpapier und dem Titel *Tintin mon copain* zu kursieren, erschienen Weihnachten 2000 in Klow (der Hauptstadt von Syldavien) bei einem Verlag, den es ebenso wenig gab wie die Stadt. Das Titelblatt, das hier abzubilden mir untersagt wurde, zeigt einen schlecht gezeichneten Tim in SS-Uniform; laut einigen Internetseiten soll es von Degrelle stammen, was aber zweifelhaft erscheint. Nach Auskunft von Steeman, der das Originalmanuskript gelesen hat, habe sich dieses weitgehend mit seinen eigenen Erinnerungen gedeckt; die übermäßige und abträgliche Ikonographie sei zu einem großen Teil von einem Militanten der extremen Rechten aus Degrelles Umfeld hinzugefügt worden, der das derartig verfälschte Buch auf eigene Rechnung herausgebracht habe. Im Laufe dieses höchst unterschiedlichen und manchmal unzusammenhängenden Textes, zwischen langen Abschweifungen über die eigene Karriere, antisemitischen Tiraden und »Enthüllungen«, in denen es Degrelle unter dem Vorwand, Hergé zu verteidigen, nur darum geht, ihn anzuschwärzen, versucht er vor allem, sich als einziges Vorbild für den berühmten Reporter hinzustellen. Ein Beispiel: das oben abgebildete Foto, 1936 weit verbreitet und in dem Buch abgedruckt. Degrelle erzählt (S. 19), er habe die Einkünfte aus seinen ersten Veröffentlichungen für den Kauf dieser Knickerbocker auf den Kopf gehauen, »ein Kleidungsstück […] von höchster Eleganz«, dem er ein ganzes Kapitel widmet. Hergé sei »von diesem Luxus tief beeindruckt gewesen«; die Hose habe er für den »Gipfel der Originalität« gehalten. Daher »erschien es Hergé höchst natürlich, den jungen, noch vollkommen nackten Tim (mittels Bleistift) mit Knickerbockern zu bekleiden, die den meinen ganz ähnlich waren«. Degrelle behauptet, er sei der einzige im Freundeskreis von Hergé gewesen, der eine solche Hose getragen hätte; tatsächlich war dieses Kleidungsstück damals im belgischen Bürgertum äußerst verbreitet, wie, wenn auch in geringerem Maße, die Reithose (eine Mode, die einige Jahre später auf das Militär, vor allem das deutsche, übergriff). Ähnliche Überzeugungskraft besitzen die Fotos von Degrelles Haartolle und seinem runden Gesicht sowie von Hitlers Hund, der angeblich das Vorbild für Struppi war. »Sie schneiden doch auf«, will Steeman ihm vorgeworfen haben. »Natürlich«, soll Degrelle ungerührt geantwortet haben, »damit ich gelesen werde.«

> gefallene Mütze aufzuheben und sie sich auf den Kopf zu setzen, um zu sterben, wie es die militärische Ordnung verlangte [...]. (254 f.)

Schon hier ist die Ebene des Kitsches mit der der Verwundung verknüpft: Wie ersichtlich, werden die Verwundungen, die die Legionäre erleiden, eingehend beschrieben. Degrelle hat keine Wahl: Die hier gewählten Erhaltungsmechanismen des Ich müssen sich auf Wirklichkeitsfragmente stützen, und er kann nicht einfach die Auswirkung des Kriegs auf seinen Körper und den seiner Kameraden leugnen. Da sie sich nicht ausschalten lässt, muss er sie kanalisieren. Die Lektüre zeigt, dass die Beschreibungen der toten Faschisten ebenso zahlreich sind wie die der feindlichen Leichen und dass beide regelmäßig aufeinanderfolgen: Degrelle bringt sie im Wechsel und setzt sie auf diese Weise in Beziehung zueinander. Nun fallen diese Beschreibungen aber in ein semantisches Feld (rot, weiß, Fleisch, abgeschnitten, gebrochen, zerrissen), das, so schrecklich es auch ist, in krassem Gegensatz zu dem steht, in das der bolschewistische Leichnam fällt (grün, gelb, fett, aufgelöst, verwest, zerfallen).

> Einer meiner Kameraden war auf mich gefallen. Sein Kopf war nur noch ein schauriges rundes Gebilde; Augen, Nase, Wangen und Mund waren durch die Explosion herausgerissen. (68)

> [...] aus seinem Mund floss ein Strom blutiger Blasen. Die Russen hatten seine Brust, bevor sie ihn zurückließen, mit einem Dutzend Messerstichen zerfetzt. Sein Atem ging stoß-

> weise. Seine Wunden zuckten und öffneten sich, als ob sie lebten. (144)

> Einem von ihnen […], zart wie ein Mädchen, wurden beide Füße und eine Hand abgerissen […].
> Täglich wurde er durchsichtiger. Aber bei jedem Besuch lächelte er. (176)

> Ein kleiner Freiwilliger von sechzehn Jahren, der neben mir zu schießen angefangen hatte, bekam nach zwei Minuten einen Mundschuss. Der arme Kerl richtete sich einen Augenblick in seinem Schrecken auf und begriff gar nicht, was ihm passiert war. Dann öffnete er seinen Mund voller Blut ganz weit. Obwohl er nicht mehr sprechen konnte, versuchte er doch zu erklären. Da brach er zusammen, wälzte sich im Schlamm und schluckte noch ein paarmal, bevor er starb. (224)

Selbst nach seinem Tod bleibt der Faschist im Allgemeinen trocken:

> Ihre Leichen lagen auf den Steinen, die Augen weit aufgerissen und mit rötlichen Bartstoppeln im Gesicht. Die ausgetrockneten Rippen schimmerten schon durch ihre grünlichen Uniformröcke. (150)

> Die Zahl der gelblichen Leichen neben den Karren wurde immer größer. (260)

Oder, wenn das absolut unmöglich ist, bleibt er zumindest hart: »Unser deutscher Verbindungsoffizier steckte steil wie eine Lanze mit dem Kopf im Schlamm, die Beine in der Luft.« (251) Bei der Lektüre all dieser Beispiele entsteht der Eindruck, dass sich dieser Versuch, den Tod des Faschisten zu neutralisieren, unabhängig von allen erwähnten Eigenschaften wie Durchsichtigkeit, Härte, Weiße oder Trockenheit, letztlich und vor allem der schrecklichen Genauigkeit des Details bedient. Bei der Beschreibung des eigenen Tods tranchiert, zerlegt, seziert die Sprache des Faschisten, womit er den Schrecken, der ihn ergreift, klassifiziert, kategorisiert und kontrolliert. Er spießt seinen Tod wie einen Schmetterling auf, als müsste er ihn daran hindern, zu entfliehen, zu zerrinnen und ihn zu verschlingen.

Jedenfalls bleibt der faschistische Leichnam, in welchem Zustand auch immer, nicht lange gefährlich. Man lässt ihn rasch verschwinden. Und sobald er richtig bestattet ist, stellt er nicht nur keine Gefahr mehr für seine noch lebenden Kameraden dar, sondern er selbst ist in Sicherheit, im Trocknen und im Warmen, vor Feuchtigkeit, Kälte und Auflösung geschützt.

> Am Tage darauf begruben wir unsere Toten. Wir schmückten ihre schmalen Gräber mit den goldenen Blüten der Sonnenblumen, als Symbole der Größe und des Ruhms. (127)

> Wir nutzten die kurze Ruhepause, um in Eile die kalkweiße Erde aufzuwerfen. In sie hinein legten wir die steifen Körper Dutzender unserer Kameraden, mit gekreuzten Armen, wie bei den Grabfiguren in unseren alten Kathedralen. Das Herz zog sich uns zusammen, wenn wir die Erde erst auf die Beine, dann auf die Brust warfen, und schließlich musste auch noch das Gesicht verschwinden. (135)

Doch selbst begraben, sieht sich der faschistische Tote noch Gefahren ausgesetzt:

> Wir hatten den kleinen Friedhof mit soliden Holzpfählen umgeben, um ihn im Winter vor wilden Tieren zu schützen.
>
> [...]
>
> Dort lagen unsere Toten, umfriedet von großen schwarzen Pfählen, um sie herum würden beim ersten Schneefall hungrige Wolfsrachen schnüffeln. (144 f.)

Der Beweis, dass die Verwandlung des faschistischen Körpers in einen Leichnam eine ungeheure Gefahr für die Überlebenden darstellt, ist die Tatsache, dass diese bereit sind, ihr Leben zu riskieren, um ihren Kameraden eine Beerdigung sicherzustellen. Gleichzeitig können sie ihn, wie wir eben gesehen haben, nicht irgendwo und irgendwie begraben, wenn sie nicht Gefahr laufen wollen, dass das ganze Unterfangen wirkungslos bleibt.

> Wir mussten die Isba, vor der er [Lippert] gefallen war, erbittert verteidigen, bis unsere Soldaten ihn mit Tränen in den Augen im Innern des Hauses bestattet hatten.
>
> Der Feind ging in der Umgebung wieder vor.
>
> Doch die »Wallonische Legion« wollte ihren toten Kommandeur nicht in der Hand der Russen lassen. In der Nacht kroch Leutnant Thyssen, dessen Arm am 6. Februar von einer Kugel getroffen war und von Eiter troff, mit ein paar Freiwilligen vor, warf sich auf den Feind, nahm die Isba, grub die Leiche aus und brachte sie unter feindlichem Feuer bis zu unseren Stellungen.
>
> Wir legten sie auf ein paar rohe Bretter und waren ent-

Die Inszenierung des faschistischen Toten, 1. Der ehrgeizige John Hagemans, reuiger Exkommunist und flämischer Nationalist, von Degrelle zum Eidwart der rexistischen Jugend ernannt, bevor er seine Schäflein gen Osten führte, damit sie sich massakrieren ließen, wurde seinerseits am 26. August 1942 bei Terjakow im Kaukasus getötet. Degrelle, nicht gerade untröstlich über den Fortfall eines potenziellen Rivalen, kniet feierlich nieder, um das ruhige und heitere Gesicht des Liegenden zu betrachten, den man für einen Schläfer halten könnte.

Die Inszenierung des bolschewistischen Leichnams. Ich habe diese Propagandafotografie in einer Sammlung ohne Zeit- und Ortsangabe aus den neunziger Jahren gefunden, die der Altnazi Paul Carell herausgegeben hat. Aus jedem Zusammenhang gerissen, operiert sie auf rein symbolischer Ebene – eher *der* als *ein* russischer Leichnam –, nach genau der gleichen Methode wie die Beschreibungen verwester Leichen, die eine so vorherrschende Rolle in Degrelles Buch spielen.

Die Inszenierung des faschistischen Toten, 2. Eine äußerst ermutigende Propagandapostkarte, die einen jungen Legionär in stiller Andacht an den Gräbern seiner im Frühjahr 1942 an der Donez-Front getöteten Kameraden zeigt.

> schlossen, seine Leiche beim Durchbruch mitzunehmen, wenn der Durchbruch noch möglich war.
> Oder wollten, seiner gedenkend, auf seinem Sarg sterben. (255)

Diese rührende Szene ist natürlich absurd: Selbst wenn die Wallonen Lipperts Leiche aus dem Tscherkassy-Kessel herausbekämen, hieße das lediglich, dass sie ihn ein Stück weiter, immer noch in der Ukraine, begraben müssten, also an einem Ort, der ebenfalls schon bald von den Russen erobert würde. Doch die Lektüre der folgenden fünfunddreißig Seiten, die den Durchbruch der Überlebenden schildern, belehrt uns rasch, dass es in dieser Episode gar nicht darum geht, denn Lippert wird überhaupt nicht wieder erwähnt: Wir erfahren nicht, ob er schließlich doch irgendwo am Straßenrand liegen bleibt oder bis zum Schluss mitgeschleppt wird, und das ist auch ohne jede Bedeutung, denn die Episode hat ihre Aufgabe erfüllt, der Eiter, der Leutnant Thyssen vom Arm trieft, kann aufhören zu triefen, die Absicht – der Signifikant – genügt bereits, um den Leichnam – das Signifikat – an jeder künftigen Auflösung zu hindern, und Degrelle, in der Gewissheit, dass sein Körper und sein Panzer noch immer halten, kann sich fröhlich anderen Dingen zuwenden. Der Text hat seine Schuldigkeit getan, für die Erhaltung des Ich ist, vorübergehend, gesorgt, mehr ist dazu nicht zu sagen.

DIE WIEDERKEHR DES VERDRÄNGTEN

Leider kann der Faschist sich noch so sehr bemühen, alles Feuchte auf den Bolschewisten zu projizieren und die eigenen Toten trocken zu halten, das Feuchte holt ihn wieder ein. »Rote zu töten hatte nicht viel Sinn. Sie vermehrten sich wie die Kellerasseln und erneuerten sich ununterbrochen.« (225) Dieses schmutzige Gewimmel lässt sich nicht nur nicht in den Griff bekommen, der Widerstand, den ihm der Faschist entgegenbringt, ist auch von Anfang an zum Scheitern verurteilt. Selbst zur Auflösung bestimmt, kennt der Bolschewist nur ein einziges Ziel: den Faschisten in Brei zu verwandeln. Degrelle findet in der Brieftasche eines jungen russischen Offiziers, der in seinem Panzer umkam, einen Brief an dessen Familie: »In den letzten Tagen habe ich viele Fritzen unter meinen Panzerketten zermalmt. Bald weht die rote Fahne über Berlin!« (357 f.) Wenn sich der Russe in einen »Schildkrötensoldaten« verwandelt, ist der Faschist *kaputt.*

> Die russischen Panzer [...] vollführten eine grausame Menschenjagd, fuhren um die Isbas herum und vernügten sich damit, unsere Kameraden, einen nach dem anderen, Lebende, Verwundete und Tote zu zermalmen. (69)

> Fünfzehn feindliche Panzer hatten unsere Schützenlöcher vernichtet. Die Männer waren unter den Ketten im Schlamm zermalmt worden. [...]
> Die Panzer schossen weiter, lärmten auf beiden Wegen und vernichteten unsere armen Infanteristen. (251 f.)

> Die sowjetischen Panzer gingen in wilder Grausamkeit über die Karren hinweg, zermalmten sie hintereinander vor unseren Augen wie Streichholzschachteln und töteten Pferde, Verwundete und Sterbende. (270)

Besiegt, vermischt sich der Faschist mit dem Schlamm. Oder dem Regen:

> Ich sehe, wie er [der deutsche Offizier] plötzlich getroffen wurde und verschwand. Eine Granate des dritten Panzers hatte seinen Leib durchbohrt.
>
> Nach ein paar Sekunden des Schreckens fielen zahllose kleine Fleischstücke, von denen keines größer war als ein Ohr, langsam von allen Seiten auf uns und um uns herum in den Schnee … Pitsch … Patsch. Das war alles, was von dem fröhlichen Leutnant übrig war, der eine Minute zu früh unsern vorübergehenden Sieg gefeiert hatte. (272 f.)

Es versteht sich von selbst, dass der Katalog der Gefahren, die den Faschisten umtreiben, nicht vollständig wäre ohne *die* Verwundung.

> […] ein junger SS-Mann […] lag hingestreckt, die Kleider geöffnet, Bauch und Beine von verkrustetem Blut gebräunt; die Ungeheuer hatten ihm mit einem Messer die Geschlechtsorgane abgeschnitten und sie ihm in den Mund gestopft. (203)

Die Kastrationsangst bleibt nicht auf die Geschlechtsorgane beschränkt, sie greift fast durch Metonymie auf den Rest des Körpers über:

> Als sie […] herbeigelaufen kamen, hatten viele anstelle des Kinns ein grauenhaftes blutendes Loch. Oft bewegte sich noch die rötliche fiebrige Zunge, die nun so unendlich lang erschien. […]
>
> Manchmal kamen gleichzeitig fünfundzwanzig und dreißig Verwundete. Manche waren im Laufen getroffen worden, und die Stahlsplitter steckten noch in ihren Genitalien. Sie färbten sich blau und zitterten fürchterlich. (390)

Damit kein Missverständnis aufkommt: Wenn unsere Hypothese stimmt, erwischt es bei der Kastration des Faschisten nicht seinen Schwanz als Lustorgan, sondern seinen Phallus als Zentrum und Angelpunkt seines inneren wie äußeren Widerstands gegen den Feind. Ohne Phallus als Stütze lässt sich der Ich-Panzer nicht aufrechterhalten und wird rasch niedergerissen. Dann verflüchtigt sich der Faschist.

> Doch die scheußlichen Verwundungen am Unterleib hatten ihn, obwohl sie vernarbt waren, auf immer getroffen. Nach einigen Wochen begriff er, dass er nie wieder wie die andern leben könnte. Da nahm er aus der Waffenmeisterei eine Kilo-Mine, ging damit ans Oderufer und sprengte sich in die Luft.
>
> Am Uferhang fand man eine Lunge und ein paar Stücke der Wirbelsäule. Das war alles. (198)

Degrelle ist nichts, wenn es nicht kohärent ist.

DER FROSCH

Diese Elemente sind nicht statisch, sie sind gleitend und entwickeln sich. Der Leser hat vielleicht bemerkt, dass die Beschreibungen der sowjetischen Leichen nicht über die ersten zweihundert Seiten des Buchs hinausreichen; nach dem Scheitern der deutschen Offensive im Herbst 1942 vor Tuapse verschwindet dieses Bild fast ganz. Es gibt noch Leichen der Roten, aber wenige, und die meist in gefrorenem Zustand. Vermutlich waren sie nur beim Vormarsch ins Formlose von Nutzen; beim Rückzug müssen andere Vorstellungen ihren Platz einnehmen. Seit Tscherkassy im Februar 1944 tritt die Figur der Kröte, die ganz zu Anfang des Buchs schon einmal flüchtig in Erscheinung trat, massiv in den Vordergrund.

> […] die Vorstöße eines primitiven Feindes […], der den Elementen gegenüber unempfindlich war und dessen Kröten-Soldaten in den unendlichen Sümpfen wie zum Vergnügen herumstapften. (209)

> Die Russen bewegten sich wie Kröten im dunklen Schlamm. (239)

Das setzt sich in Polen fort: Die Roten rücken vor, »eine regelrechte Invasion von Amphibien, die aus dem Pripjet-Sümpfen hervorkrochen« (290). Dann in Pommern: »Die Muschiks tauchten aus Hunderten von Schlammlöchern auf, wie Schwärme quakender Amphibien, braun und violett.« (377) Selbst die Panzer mutieren zu Reptilien: An der Oder sieht Degrelle »russische Panzer, lang wie Alligatoren« (404). Nur ein Faschist, das liegt auf der Hand, kann den Schlamm als das natürliche Element seines Feindes sehen: Er ist der Albtraum jedes Soldaten und spukt in dieser Eigenschaft durch die Kriegsliteratur von Xenophon bis

Vormarsch: Donez-Überquerung, Juli 1942.

Rückzug: Ausbruch aus dem Kessel Tscherkassy, Februar 1944.

Michael Herr. Doch wie gezeigt, geht es für Degrelle um weit mehr als nur die Realität vom »Glanz und Elend des Militärs«. Im Unterschied zu einigen seiner Zeitgenossen geht er davon aus, dass das besiegte Europa nicht zu einer »Versteppung« verurteilt wäre, sondern zu einer »Versumpfung«. Da ist es doch nur natürlich, den Feind – um ein Wort Hitlers aufzugreifen – als »Sumpfmenschen« anzusehen.

DER BAUCH

Diese Ich-Erhaltungsoperationen kommen in vielen Sequenzen des Buchs zum Ausdruck. Wir sind bereits einer der wichtigsten gefolgt, es gibt andere. Beispielsweise die Frage des Appetits. Was die Russen angeht, ist die Sache klar: »Sie verschlingen irgendwas« (239). »Diese abgerissenen Soldaten lebten von dem, was sie in den Isbas, auf den winterlichen Feldern oder bei den Leichen fanden: verschimmelten Sonnenblumen, schmutzigen Maiskolben, trockenem Brot.« (192) Und dieses »irgendwas« wird sich rasch dem Schmutzigen, dem Verwesten zugesellen:

> Ein besonderer Leckerbissen waren Fleischstücken krepierter Pferde, die im Schlamm lagen. Die Einheimischen stritten sich erbittert um sie.
>
> Wir mussten ein sieches Pferd erschießen, das einen schrecklichen Anblick bot, über und über mit ekligen Pusteln bedeckt. Uns blieb noch nicht einmal Zeit, ein Fuhrwerk zu holen, um den Tierkadaver aus der Stadt zu schaffen. Schon hatten sich zwanzig Personen auf diese scheußliche Tierleiche

gestürzt, ihr die Haut zerfetzt und sich Stücke des noch dampfenden Fleischs herausgerissen. (39 f.)

Auf einem Bahnhof sah [ich] mehrere [Asiaten] den Boden aufgraben. Sie zogen rote zappelnde Würmer von Handlänge aus der Erde. Die verschlangen sie, wie man ein Ei verschluckt. Der tanzende Adamsapfel dieser Würmerfresser verriet sichtliches Behagen. (22)

Am Ende dieser gastronomischen Auslassungen findet sich durchaus logisch die höchste Manifestation des Abscheulichen, der bolschewistische Leichnam, der, wenn er sich nicht rasch genug auflöst, selbst zum Imbiss werden kann:

Eines Nachts weckten uns schreckliche Schreie. Wir […] öffneten die Türen eines Gefangenenwaggons: Asiaten, gefräßig wie Muränen, schlugen sich um Fleischstücke, die sie sich gegenseitig entrissen. Fleischstücke, die von einem Menschen stammten! Der Waggon kämpfte um die Überreste eines toten Mongolen, den sie mit dem Blech von Konservendosen zerlegt hatten. (22)

Der Kannibalismus unter russischen Kriegsgefangenen ist ein Topos nicht nur der deutschen Propaganda, sondern auch in den Tagebüchern und Briefen der Soldaten an der Ostfront. Er hat sicherlich eine reale Grundlage, was angesichts der Verhältnisse, die die 3 350 000 1941 in deutsche Gefangenschaft geratenen Rotarmisten in den Lagern ertragen mussten, nicht wundernimmt: 60 Prozent sind verhungert, die meisten vor Ende des Jahres (im Januar 1942, als Arbeitskräfte für die Lager und Firmen der SS gebraucht werden, wird Himmler sich darüber beklagen).

Uns interessiert hier jedoch die strategische Funktion, die diese Vorstellung für Degrelle hat: »Viele dieser Asiaten, die es aus ihren wilden Steppen hierherverschlagen hatte, nagten lieber an der Rippe eines Kalmücken oder Tartaren [*sic*], als den Hungertod zu riskieren« (22). Erste Feststellung: Kannibalen und Opfer des Kannibalismus (und übrigens auch Würmerfresser) sind Asiaten, Mongolen, Tataren oder Kalmücken[1]; sodann verhungern sie selbstverständlich nicht, unmöglich, der deutsche Ordnungssinn hat gründlich vorgesorgt, Vorräte sind längs der Wege angelegt worden, aber ihr Instinkt eines Wilden lässt sie nicht einmal »das Risiko eingehen«. Und weil sie eher von Natur aus als durch die Macht der Umstände menschenfresserisch sind, müssen wir schließen, dass für sie alles eine Sache des Kannibalismus ist:

> Einige widerwärtige Schweine liefen vor den sowjetischen Posten vorbei und fraßen bedenkenlos die ekelerregenden, in der Sonne rasch verwesten Leichen. Neidisch betrachteten die Roten das kreophage Borstenvieh, das sich zwanzig Meter von ihnen entfernt am grünlichen Gedärm ihrer Landsleute gütlich tat. Offensichtlich brannten sie darauf, die ekelhaften Tiere auf ihre Seite zu locken. Schließlich gelang es ihnen, eines zu erwischen. Wir hörten ihr Glücksgeschrei. Die sowjetische Anthropophagie wurde in Terjakow auf dem Umweg über Tiere praktiziert. (138)

Q. e. d. Wenn der Leser mir bis hierhin gefolgt ist, wird er über die verblüffende Zirkularität dieser Beweisführung nicht erstaunt sein.

1. Zur Funktion des semantischen Felds vgl. oben, S. 41.

Der Belgier dagegen hatte einen gesunden Appetit.

> Unsere Soldaten […] brachten es fertig, unvorstellbare Nahrungsmengen zu verzehren […]. Ich sah zwei von ihnen, die […] im Laufe von drei Tagen die Kleinigkeit von einundzwanzig Hühnern vom Hals bis zum Bürzel verschlangen. Viele brachten es fertig, als Zwischenmahlzeit um neun Uhr morgens eine ausgewachsene Gans zu verputzen. Einer unserer jungen Offiziere schlug sich eines Tages vor meinen Augen den Bauch mit dreißig Spiegeleiern voll. […]
>
> In der Abenddämmerung vor dem Abmarsch taten sich unsere Bratspießdreher noch an riesigen Bratkartoffelmengen, Bündeln großer Radieschen und Körben voll Obst und Gemüse gütlich. (111)

Selbst in der Krise sorgt der Faschist noch für Verpflegung. So geschehen in Nowo Buda, im Kessel von Tscherkassy:

> Wie sollten wir es anstellen, während des Wartens [auf den Ausbruch] nicht zu verhungern? […]
>
> Meine findigsten Wallonen setzte ich auf Pferde: »Los! Sucht! Geht in die Isbas, die am weitesten abliegen, wenn es sein muss, direkt vor der Nase der Russen! Aber bringt mit, was man zum Brotbacken braucht! Auf! Und beeilt euch!«
>
> Unter unseren Leuten hatte ich ein paar Bäcker ausfindig gemacht. In unserer Isba fand sich ein halbzerstörter Ofen. Er wurde wieder in Ordnung gebracht.
>
> Ein paar Stunden später kamen unsere Reiter mit Mehlsäcken über den Sätteln zurück.
>
> […]
>
> Schon am Ende des Nachmittags schickte ich runde, tellerflache Brote von seltsamem Geschmack in die Stellungen.

Der »bolschewistische Kannibale«: Ausgehungerte sowjetische Kriegsgefangene betteln um Brot im Austausch gegen Kleidungsstücke. Deutsches Propagandafoto, Ort und Zeit unbekannt.

Der Wallone isst, Kaukasus, Spätsommer 1942. Von links nach rechts: Dolmetscher André Herremans, Gefreiter Charles Biltrays, Leutnant Degrelle, Leutnant Jean Vermeire und Leutnant Lassois.

> Jeder bekam ein Viertel von einem solch seltsamen »Ölkuchen«.
>
> Andere Soldaten brachten herumlaufende Kühe ein.
>
> Sogleich wurden sie geschlachtet, ausgenommen und mit behelfsmäßigen Schlachtermessern in Hunderte von Stücken zerteilt.
>
> Pfannen waren nicht aufzutreiben. So ließ ich vor der Tür Lehmöfen errichten. Die Fußkranken, die Kampfunfähigen bekamen je einen Bratspieß oder ein Bajonett. Ihre Aufgabe war es, die blutigen Fleischstücke zu rösten.
>
> [...] jeder bekam zweimal täglich in den Stellungen sein mehr oder weniger durchgebratenes Stück Fleisch, das er dann wie ein Irokese mit den Zähnen zerriss. (257 f.)

Trotzdem passiert es, dass die Lebensmittel in Mitleidenschaft gezogen werden. Doch selbst dann bleibt die Verpflegung des Faschisten im Bereich des Harten und Trockenen:

> Mit dem Beil zerteilten wir die Margarine, die Wurst und das Brot, die so hart wie Stein waren. (44)

> Wir bekamen nur [...] Brot, das wir mit dem Seitengewehr zerteilten, und Gefrierfleisch in Dosen, das auf der Schlittenfahrt noch einmal gründlich tiefgefroren worden war. (62)

Es gibt allerdings einen Grenzfall; wir kommen darauf zurück.[1] Vorher wollen wir schauen, was aus der Sprache des Faschisten wird, wenn er einem anderen Feind als dem Roten gegenübersteht.

1. Vgl. w. u., S. 102.

DER ANDERE FEIND

Ein Kapitel seines Buchs widmet Degrelle der Schlacht in den Ardennen[1] – »Ardennenoffensive« (die napoleonischen Reminiszenzen in der Bezeichnung haben eindeutig den Vorrang vor der Genauigkeit). Am 16. Dezember 1944 drücken die unter größter Geheimhaltung zusammengezogenen und Generalfeldmarschall Gerd von Rundstedt unterstellten deutschen Kräfte die alliierten Frontstellungen auf einer über die belgischen Ardennen verlaufenden Linie ein. Ziel des Vorstoßes sind Lüttich und Luxemburg und letztlich Antwerpen. Degrelle hat dort nicht gekämpft; mit seinen neuen Rekruten, Kollaborateuren, die vor der Befreiung Belgiens geflohen sind, sollte er im Kielwasser der deutschen Armeen in seine Heimat zurückkehren und die zurückeroberten Gebiete verwalten, »damit die Fehler der deutschen Besatzung von 1940–1944 vermieden würden« (336). In Wahrheit träumte Degrelle davon, als Erster in Brüssel einzurücken und vor der flämischen Kollaboration, die weit von der Front wartete, die Macht in Belgien zu übernehmen.[2] Das rasche Stocken der

1. In Frankreich wird diese Schlacht oft als *Seconde bataille des Ardennes*, »zweite Schlacht in den Ardennen« bezeichnet; für die Amerikaner, die sie gewonnen haben, ist es *the Battle of the Bulge*, nach dem von den Deutschen erkämpften Frontvorsprung.
2. Vgl. Eddy De Bruyne, »Degrelle's war-time years in a nutshell«. Von solchen Schachzügen ist in Degrelles Buch natürlich keine Rede, so wenig wie von den Massakern in Courcelles und Bouillon, die im Sommer 1944 verübt würden: Degrelle erwähnt sie lediglich – ohne sie ausdrücklich beim Namen zu nennen –, um jede Verantwortung nachdrücklich zu bestreiten (vgl. S. 346 f.). Doch wenn sich die belgischen Historiker auch einig sind, dass die Hinrichtungen von Courcelles auf einen Wutanfall von Victor

Offensive, die von den Amerikanern in Bastogne zum Stillstand gebracht wird, macht Degrelles ehrgeizige, wenn auch verspätete Pläne zunichte, sodass er nach Pommern zurückkehren muss, wo er in Erwartung des Unvermeidlichen einen großen Teil seiner (zumeist zwangsrekrutierten) Freiwilligen, ohne zu zögern, in den Tod schickt.

Ganz im Unterschied zum Bolschewiken ist der Amerikaner praktisch monosem; kaum jemals wird er als Yankee bezeichnet. Kein Neger zeigt seine stumpfe Nase in Degrelles Text. Da erscheint selbst der Belgier noch gefährlicher als der Amerikaner: »rohe Instinkte der [belgischen] Massen, brüllende Wut rasender Wilder« (346). Aufschlussreich auch der Vergleich zwischen der amerikanischen und der russischen Leiche:

> Eine Reihe junger Amerikaner war [in einem Schützengraben] ums Leben gekommen. […] Sie hatten die gesunde Gesichtsfarbe gutgenährter und in frischer Luft gebräunter junger Leute bewahrt. Sie waren vom Feuer der Panzer niedergemäht worden. Zweien von ihnen war das Gesicht eingedrückt, flach wie ein Briefumschlag. Aber wenn ihre Gesichter

---

Matthys zurückzuführen sind (der 1945 erschossenen Nummer zwei der Rexisten), so ist Degrelle doch eindeutig in die Exekutionen von Bouillon verwickelt, eine Vergeltungsmaßnahme für den Mord, den der belgische Widerstand am 8. Juli 1944 an Degrelles Bruder Édouard beging, einem Apotheker und rexistischen Sympathisanten. Ein weiterer Apotheker, Henri Charles, wurde am folgenden Tag von einem rexistischen Kommando ermordet; Degrelle soll, nachdem er in einem Telegramm an Himmler den Tod von 100 Geiseln verlangt hatte (ein Telegramm, das im Archiv überdauert hat), den Deutschen selbst eine gewisse Zahl Bouilloner Honoratioren genannt haben, die größtenteils zu seinen politischen Gegnern aus der Vorkriegszeit gehörten: Drei von ihnen wurden von der Lütticher Sipo in einem Wald erschossen.

auch kein Profil mehr hatten, so verloren sie im Tode doch nichts von ihrer eindrucksvollen Würde. (339)

Statt der roten Flut der angloamerikanische Schraubstock. Die amerikanischen Panzer »stürzen vor […], überholen, [sind] mächtig« (333). Die Alliierten bombardieren, radieren in den Ardennen ganze Dörfer aus, deren Zerstörung Degrelle mit Pathos und vor allem einem ganz anderen als für den Osten bemühten Vokabular beschreibt:

> Bomber tauchten zu Hunderten auf und glänzten wie silberne Döbel.
>
> […]
>
> Houffalize […] wurde zweimal angegriffen und in Trümmer gelegt, ausradiert. […] Mit Bomben verwandelten alliierte Flugzeuge […] den reizenden Ort in ein fürchterliches Trümmerfeld, unter dem tote Zivilisten zuhauf lagen.
>
> In wenigen Tagen wurden die Ardennen dem Erdboden gleichgemacht. (342 f.)

Und so fort. Nicht ein Tropfen, nicht eine einzige Schlammpfütze. Das Kapitel heißt im Übrigen *La soupape des Ardennes* – »Das Ventil der Ardennen« – (und eben nicht *soupe*, »Suppe«). Es wird auf dem Trockenen und im Trockenen gekämpft, und am Ende wird die Niederlage auch noch durch das Trockene besiegelt. Das ausschlaggebende Element der deutschen Schlappe ist hier nicht der Schlamm, noch nicht einmal der Schnee, sondern die Sonne:

> Die pfeilschnell vorgestoßenen und auf ganzer Linie siegreichen Divisionen waren abgeschnitten und ohne Treib-

> stoff, weil eine strahlende Sonne die Ardennen zehn Tage lang von morgens bis abends in ihr helles Licht tauchte und damit einer gigantischen amerikanischen Bomberflotte ermöglichte, alle Verkehrsknotenpunkte irreparabel zu zerstören. (344)

Eine Folge dieses klaren Himmels, Merkmal des sonnigen Westens: Treibstoffmangel.

So ist also festzustellen, dass die Angloamerikaner den Faschisten zwar militärisch bedrohen können, aber überhaupt keine Gefahr für seinen Ich-Panzer darstellen und infolgedessen auch ohne Nutzen für dessen Erhaltung sind. Apriori hindert sie ideologisch eigentlich nichts daran; Bernanos hatte seinerzeit zur Genüge bewiesen, dass der transatlantische Barbar so beunruhigend wie der des Ostens sein kann:

> […] ein amerikanischer Schuhputzer, ein Knirps mit Rattengesicht, halb Angelsachse, halb Jude, mit einem wie auch immer gearteten Negerahnen in den Tiefen seines hitzigen Marks, der künftige König des Stahls, des Gummis, des Erdöls, der Monopolist der Monopole, der künftige Herr eines genormten Planeten, dieser Gott, auf den das Universum wartet, der Gott eines Universums ohne Gott.[1]

Nichts von alledem bei Degrelle. Der Angloamerikaner bleibt im Wesentlichen eine *neutrale* Figur, weil hier eben nicht von Ideologie die Rede ist. Der Rexist kann noch so sehr gegen den

1. Georges Bernanos, *La grande peur des bien-pensants*, Grasset 1931, S. 454 (wieder aufgenommen in seine *Essais et écrits de combat*, Bd. I, Gallimard, Bibliothèque de la Pléiade 1971, S. 348).

Yankee-Plutokraten oder den City-Bankster wettern – was er im Übrigen auch nach Kräften tut –, er geht damit nie über die Ebene der Politik oder der Geistreichelei hinaus. Wenn es dagegen um den Bolschewiken geht (oder den Judäobolschewisten der Nazis), beschränken sich seine Ausführungen nie auf die Politik, sondern gehen immer darüber hinaus. Wenn die rote Flut die gesamte faschistische Literatur heimsucht, wenn sie keine Besonderheit Degrelles ist, so deshalb, weil sie eine ganze Reihe von Assoziationen auslöst, die die besondere geistige Struktur des Faschisten beansprucht, bedroht, in ihren Grundfesten erschüttert. Dazu ist aus historischen und kulturellen Gründen der Feind im Westen, der Engländer und Amerikaner, nicht fähig. Für den Faschisten ist er nutzlos, er brauchte in dem Buch eigentlich gar nicht vorzukommen, da er dort keine Rolle spielt, keine strategische Funktion hat. Seine Anwesenheit hat rein anekdotischen Charakter. Was für eine bestimmte Abwesenheit indessen keineswegs gilt.

DER JUDE

In Degrelles Buch kommt auch eine unsichtbare Figur vor: der Jude. Als gäbe es ihn nicht. Eine seltsame, fast bedrückende Abwesenheit.[1] Zwei winzige Ausnahmen bestätigen sie nur, un-

1. Auch in dem Film *Auto-portrait d'un fasciste* äußert Degrelle nicht ein einziges Mal das Wort »Jude«. Jean-Michel Charlier stellt ihm allerdings auch keine Fragen zu diesem Thema.

terstreichen sie fast. Die eine ist eine einfache politisch-geographische Information: Degrelle kampiert in einem Dorf, das »den Namen der berühmten jüdischen Politikerin Rosa Luxemburg aus Berlin trug« (54). Die zweite ist etwas ausführlicher:

> Den größten Eindruck machten mir einige Rote, die von einer Maschinengewehrgarbe niedergemäht worden waren.
> Sie waren wie ein einstürzendes Kartenhaus übereinandergefallen.
> Ich […] wollte die grausige Szene fotografieren.
> Als ich in den Sucher blickte, hatte ich den Eindruck, dass sich eine der Leichen etwas bewegte. Sicher, auf ihnen wimmelten Tausende von eklig-gelblichen Würmern, aber ich wollte Gewissheit haben. Der Leiche, die gezittert zu haben schien, war der Mantel über den Kopf gerutscht. Mit der Pistole in der Hand trat ich näher und zog den Mantel mit einer raschen Bewegung fort. Zwei erschreckend zornige Augen starrten mich wie zwei Karfunkel an.
> Es handelte sich um einen bolschewistischen Rädelsführer. Seit dem Vortag lag er in diesem Haufen Verwesung und ließ die Würmer über sich hinwegkriechen. Er hatte ein Testament bei sich, in dem er erklärte, dass er als Jude zu allem entschlossen sei, um die Juden zu rächen.
> Die Besessenheit der Menschen ist grenzenlos […]. (149)

Überflüssig, diese Fabel und ihre jämmerliche Moral zu kommentieren oder Überlegungen zum Schicksal dieses jüdischen »bolschewistischen Rädelsführers« anzustellen, geht doch auch Degrelle mit keinem Wort auf dessen weiteres Schicksal ein; seine Feinde könnten ihm vorwerfen, dass er ihn nicht unter seinen Larven gelassen hatte. Das ist der einzige lebendige oder tote

Jude, dem der Leser begegnet. Dieses Totschweigen des Juden ist natürlich keineswegs ungewöhnlich in der pseudohistorischen Literatur, die zur Glorifizierung der deutschen Heldentaten in Russland geschrieben wurde, sondern vielmehr die Norm, man nehme nur die Bücher von Jean Mabire oder die Bestseller von Paul Carell, alias Paul Karl Schmidt.[1] Für diesen Mutismus gibt es handfeste taktische Gründe: Nach Nürnberg gehört es nicht mehr zum guten Ton, von den Juden zu sprechen, das kann sogar gefährlich sein, auf jeden Fall kann es der Sache nur schaden. Sei's drum. Es könnte aber noch einen anderen, sozusagen ontologischen Grund geben. Ich schlage ihn hier nur als Hypothese vor: 1945 war der Völkermord praktisch abgeschlossen, im Osten war so gut wie kein Jude mehr übrig; die Judenfrage hatte sich erledigt; wozu noch von einem Problem sprechen, das keines mehr war? Als Degrelle schreibt, ist für ihn die »Endlösung« immer noch schon abgeschlossen. Da liegt es doch nahe, dass sein Buch genauso »judenrein« ist wie die Region, in dem es spielt. »Wie eine eisige und bittere Frucht kosteten wir den Ruhm.« (75)

1. Am 3. Juli 1943 erklärte Paul Schmidt/Carell, der offensichtlich noch nichts von seiner künftigen Karriere als Erfolgsautor ahnte, in der *Donauzeitung* (Belgrad): »*Die Judenfrage ist keine Frage der Humanität und auch keine Frage der Religion, sondern eine Frage der politischen Hygiene.*« (Zitiert in: Raul Hilberg, *Die Vernichtung der europäischen Juden*, Bd. 2, 9. Auflage, Frankfurt am Main 1999, S. 789.)

Davon kein Wort in Degrelles Text. Es wird nicht geleugnet; es ist so, als hätte es das nie gegeben. Dabei hat es das sehr wohl gegeben; unmöglich, dass jemand im Osten, wenn er schon kein Augenzeuge war, nie davon gehört hat. In Spanien soll Degrelle einmal einem Journalisten versichert haben: »Der Antisemitismus war eine Dummheit der Deutschen.« Das ist etwas verkürzt, selbst wenn es stimmt, dass er nie unmittelbar an der Judenvernichtung teilgenommen hat und dass der Antisemitismus in der Vorkriegszeit nicht zu seinem politischen Programm gehörte. Doch schon nach seiner Rückkehr aus Tscherkassy im März 1944 sprach er im Palais de Chaillot vom »internationalen Judentum, dass sich nur in den Ruinen Europas ausbreiten konnte«, von »der jüdischen, moskautreuen Finanzinternationale [...], den Herren von gestern«. Sobald er sich im spanischen Exil befand, ging er offen zum Antizionismus und einer widerwärtigen Holocaustleugnung über: Bereits 1949 bot er dem Mufti von Jerusalem seine Hilfe im Kampf gegen die Israelis an; im Lauf der Jahre wurde er zu einem überzeugten Anhänger Faurissons, übernahm dessen extremste Thesen in einem Auschwitz-Brief an den Papst und besaß sogar die Geschmacklosigkeit, in einer primitiven (und glücklicherweise unveröffentlichten) Version von *Tintin mon copain* die Existenz der Gaskammern von Struppi leugnen zu lassen.

[Oben:] Strand von Skede, Lettland, 15. Dezember 1941. Exekution jüdischer Frauen und Kinder aus dem Libauer Getto an der Ostseeküste durch Kollaborateure des 21. Lettischen Polizeibataillons und Angehörige der deutschen Schutzpolizei unter dem Kommando des SS- und Polizeistandortführers Libau Fritz Dietrich.

[Unten:] Gebiet (ukr.) Riwno, Galizien, 13. Oktober 1942. Exekution jüdischer Frauen und Kinder aus dem Getto Misotsch durch deutsche Polizisten und ukrainische Kollaborateure.

DER VATER IST TOT, ES LEBE DER SOHN

Und wenn uns dieser Ruhm von den Juden entfernt, so führt er uns doch unentrinnbar zu ihrer Nemesis. Die *Campagne de Russie* ist schließlich auch Karrieresprungbrett. Kaum ist Degrelle dem Kessel Tscherkassy lebend entronnen, sucht ihn ein General auf:

> Ich war unrasiert und mit vereisten Schlammklumpen bedeckt. Ich nahm Haltung an. »Kommen Sie«, sagte er zu mir. »Der Führer hat dreimal anrufen lassen. Er erwartet Sie. Seit zwei Tagen werden Sie überall gesucht.« (284)

Eine Flugreise und eine ausführliche Säuberung später:

> Ich hatte weder Zeit, etwas zu sehen, noch an etwas zu denken. Der Führer kam auf mich zu, fasste meine rechte Hand mit seinen beiden Händen und drückte sie herzlich. Der Raum erstrahlte im Magnesiumlicht. Filmapparate nahmen die Begegnung auf.
>
> Ich sah nur Hitlers außerordentlich lebendige und gütige Augen; ich spürte nur seine beiden Hände, die die meinen drückten, ich hörte nur seine ein wenig raue Stimme, die mich willkommen hieß und wiederholt erklärte: »Sie haben mir so viel Sorgen gemacht.«
>
> […]
>
> Verblüfft betrachtete ich den Führer. Seine Pupillen besaßen noch ihren seltsamen Glanz, unmittelbar und betörend. Doch die Sorgen von vier Kriegsjahren hatten dem Mann eine beeindruckende Majestät verliehen. Die Haare waren weiß geworden, der Rücken hatte sich vom endlosen Kartenstudium und dem Gewicht einer Welt gekrümmt.

> Der Führer aus der Vorkriegszeit war verschwunden, der feurige Führer mit braunem Haar und straffer Haltung, der Rücken gerade wie eine Zirbelkiefer.
>
> [...]
>
> Der Führer arbeitete ganze Nächte hindurch in höchster Konzentration. Ruhelos lief er bis zum Morgen in dieser großen Baracke hin und her, dachte nach und bereitete seine Befehle vor. Er lebte allein, nur mit dem Feuer – in einem großen, der germanischen Vorgeschichte nachempfundenen Kamin – und einem Hund, einem schönen großen Hund, mit rötlichem Fell, der in einer Kiste am Ende des Tisches lag. (286 ff.)

Degrelle sah Hitler einige Monate später während der kurzen Kampfhandlungen in Estland wieder, um sein Eichenlaub in Empfang zu nehmen.

> Ganz besonders überrascht war ich, wie sehr Hitler in sechs Monaten wieder zu neuer Stärke gekommen war.
>
> Sein Gang war ruhig und sicher, sein Gesicht erholt, von erstaunlicher Frische. Seit dem Kriege war er sehr grau geworden. Sein Rücken war gebeugt, aber sein ganzes Wesen strahlte Leben, ein gemäßigtes und diszipliniertes Leben aus.
>
> Er verlieh mir die Auszeichnung. Dann führte er mich zu einem kleinen runden Tisch.
>
> [...]
>
> Beim Abschied ergriff Hitler, als wollte er mir auf immer eine persönlichere Erinnerung ins Herz senken, abermals meine beiden Hände: »Wenn ich einen Sohn hätte«, sagte er langsam und herzlich, »wünschte ich mir, dass er wäre wie Sie ...«

20. Februar 1944, nach dem Ausbruch von Tscherkassy, verleiht Hitler Degrelle das Ritterkreuz. Von links nach rechts: Degrelle; sein Vorgesetzter, der SS-Gruppenführer Gille, Kommandeur der 5. SS-Panzerdivision »Wiking«; SS-Brigadeführer Fegelein, Himmlers Verbindungsoffizier bei Hitler und dessen künftiger Schwager. Himmler, außerhalb des Bilds, steht links von Fegelein.

25. August 1944 (oder der 27., je nach den Quellen). Während der Kämpfe der Legion in Estland kommt Degrelle wieder mit Hitler zusammen, um das Eichenlaub zum Ritterkreuz zu erhalten. Zwischen den beiden Männern SS-Obergruppenführer Steiner, Kommandierender General des III. (germanischen) SS-Panzerkorps.

Lange Zeit fand Degrelle Gefallen daran, einen absolut überraschenden Hitler zu inszenieren. Als er ihr erstes Treffen im Sommer 1936 beschreibt, schlägt er wohlvertraute Töne an: »Vom ersten Augenblick an war da etwas Außergewöhnliches! … als wäre er von mir und ich von ihm durchdrungen.« Ganz anders, als er von 1944 berichtet: »Ich sehe noch vor mir, wie der wackere Hitler mich in die Arme nahm … [..] was für ein herzlicher, unkomplizierter Mensch … Als er meine Stiefel sah, fragte er: ›Hören Sie, Léon, welche Schuhgröße haben Sie?‹ – ›42.‹ – ›Sehr schön, ich habe 43.‹ Daraufhin ging er an seinen Schrank, nahm ein Paar Stiefel heraus und stopfte in jede Spitze ein Stück des *Völkischen Beobachters*, ich probierte seine Stiefel, und so passten sie mir! Dieser Mann hat mir meine Brote bestrichen, bevor ich ging! Er hat mir auch zum Abschied eine Flasche Champagner geschenkt, und das, obwohl er doch den Alkohol verabscheute! … Ich habe eine ganz außergewöhnliche Nacht mit Hitler verbracht …« (Interviews mit Degrelle in dem Film *Auto-portrait d'un fasciste*).

> Fragend blickte ich in seine hellen, so feinfühligen Augen, die in einem einfachen, leuchtenden Glanz strahlten. Er ging unter den Tannen davon, auf einem mit Reisig übersäten Weg, ich folgte ihm lange mit dem Blick [...]. (334 f.)

Es ließe sich zeigen, dass Degrelles Bewunderung für Adolf Hitler auf einem Missverständnis beruht. Degrelle ist sicherlich ein überzeugter Rassist – seine Sowjets sind, willkürlich herausgegriffen, »fast alle von gelber Rasse«, haben »Haare, die struppig sind wie die Borsten von Wildschweinen« (56), sind »hässlich wie die Sünde« (71), »plumpe Esel« (130), »zottige Massen« (192), »kleine Kerlchen mit Mäuseköpfen, Schurken« mit »grausigen Köpfen« (321) –, aber er ist ein kultureller, kein biologischer Rassist. Die Rasse spielt in seinem Buch überhaupt keine Rolle. Seine jungen Burschen lassen sich nicht für die Reinheit des Bluts umbringen, sondern »für ihre alten, von den Jahrhunderten vergoldeten Heimatländer und für ihr gemeinsames Vaterland Europa, das Europa Virgils und Ronsards, das Europa des Erasmus und Nietzsches, Raffaels und Dürers, das Europa des heiligen Ignatius und der heiligen Therese, das Europa Friedrich des Großen und Napoléon Bonapartes« (20). Solche Werte sind für einen Hitler vollkommen bedeutungslos; seine Neue Europäische Ordnung ist eine Tabula rasa: Die anderen passen sich an oder verschwinden. Zu seinem Glück ist Degrelle flexibel (das zeigte sich bereits in der burgundischen Frage), er ist kein Pétain, kein Quisling oder Horthy: dieses traurige Strandgut der Geschichte. Ende 1945 leistet ihm ein toter Hitler fast ebenso gute Dienste wie ein lebender Hitler 1944.

Kommen wir auf das Vokabular seiner Beschreibungen zurück, die übrigens alles andere als originell sind (was auch nicht nötig ist, ganz im Gegenteil[1]). Er ist in den Kategorien unserer Analyse offensichtlich kohärent: Er ist der Herr über die Kräfte des Trockenen, von einem Heiligenschein aus Magnesiumlicht umgeben, mit außerordentlich lebendigen Augen, die in einem seltsamen Glanz leuchten, er ist feurig, von straffer Haltung, der Rücken gerade wie eine Zirbelkiefer, er lebt mit dem Feuer und geht unter Tannen davon. Wenn der majestätische und heliophile Phallus sich ein wenig neigt, dann weil er den Raum organisiert (die Karten): die mühselige Arbeit der Reterritorialisierung. Allerdings könnten die Güte seiner Augen und die Herzlichkeit seiner Stimme den heutigen Leser überraschen; selbst in den Erinnerungen von Hitler-Vertrauten sind das eher selten gebrauchte Vokabeln (häufiger ist die Rede davon, dass seine Augen oder seine Stimme faszinieren, fesseln, packen).

Doch wenn irgendetwas an der Beschreibung dieses Zenits der Degrelle'schen Laufbahn auffällt, dann die Leere der Sprache, der vollkommene Mangel an echter emotionaler Besetzung, vergleichbar etwa derjenigen, die sich in der Schilderung des Feuchten in all seinen Erscheinungsformen manifestiert. Der berühmte Satz: »Wenn ich einen Sohn hätte [...], wünschte ich mir, dass er wäre wie Sie« – den Degrelle bis ans Ende seiner Tage un-

1. Alain Colignon hat mich darauf aufmerksam gemacht, dass sich Degrelles Rhetorik, wenn er auf Hitler zu sprechen kommt, an der seines Zeitgenossen Alphonse de Châteaubriant orientiert.

aufhörlich wieder hervorholt und den zu zitieren selbst seine erbittertsten Feinde nicht müde werden –, lässt sich nur als ein politischer Anspruch lesen; dieser Ritterschlag ist ein *Würfelwurf*, ein Bluff in Hinblick auf die Zukunft und die Geschichte. Der Leser, der mir bis hierher gefolgt ist, wird verstehen, dass wir diese vorgestellte oder eingebildete Adoption unmöglich als Familiengeschichte, eine wie auch immer geartete ödipale Szene verstehen können. Degrelle ist nicht Speer. Für den Faschisten, stets diesseits des Ich, sind der Vater, der Sohn soziale Figuren, leer und tot, keine lebendigen Realitäten. Der Führer kann sich vor den Kameras erlauben, eine ostentative Sorge für seinen neuen Schützling zur Schau zu tragen, doch es ist kaum vorstellbar, dass er auf die Nachricht von Degrelles Tod anders reagiert als mit einem *Wie schade, ein so guter Soldat* (oder allenfalls, wie bei Heydrich im Juni 1942, mit der Feststellung, »daß sich ein so unersetzbarer Mann wie Heydrich der Gefahr aussetze, könne er nur als Dummheit oder reinen Stumpfsinn verurteilen«[1]). Gleiches versteht sich für seinen vermeintlichen Sohn. Das Attentat vom 20. Juli 1944 wird in Degrelles Buch mit keinem Wort erwähnt (politisch sinnlos und psychisch überflüssig), und seine körperlichen Folgeerscheinungen, obwohl von allen Beobachtern bestätigt, die Hitler danach gesehen haben, werden unterschlagen, wenn nicht sogar bestritten (»wie sehr Hitler in sechs Monaten [also seit Februar 1944] wieder zu neuer Stärke gekommen war«). Und als Degrelle vom Tod des Führers erfährt:

1. Henry Picker, *Hitlers Tischgespräche im Führerhauptquartier*, Berlin, Ullstein, 1999, S. 305. Schramm, 1983, S. 386.

> Ein junger deutscher Oberst, den Himmler geschickt hatte, stand mit erschöpfter Miene in strammer Haltung vor mir.
>
> Bevor er auch nur ein Wort äußerte, hatte ich verstanden. Auch ich hatte Haltung angenommen.
>
> »Der Führer ist tot«, flüsterte er.
>
> Wir schwiegen beide. Der Schmied [sein Gastgeber] schwieg auch.
>
> Dann liefen zwei Tränen, die Tränen reiner Herzen, über seine alten, wettergegerbten Wangen. (416)

Der mythische Schmied kommt gerade recht, um diese trübselige Szene ein wenig aufzupeppen. Und wenn das Feuchte tatsächlich, wie ich denke, alles umfasst, was den »Nicht-zu-Ende-Geborenen« bedroht oder berührt, ist es normal, dass hier von Trauer, bis auf die Krokodilstränen – und die auch noch bei einem anderen –, keine Spur ist. Wie viel Härte, wie viel Kälte, kein echtes Gefühl. Degrelle wäre dazu gar nicht fähig. Diese ritualisierten Bilder haben rein strategische Funktion, sie sind Zeichen des politischen Erfolgs: Wenn Degrelle der Sohn des Chefs ist, kann er selbst Anspruch auf den Chefposten erheben, das bestimmt auch offenkundig seine Nachkriegshaltung, ein Entschluss, den er noch vor Abfassung des Buchs gefasst hat, obwohl es doch »mit heißem Herzen« geschrieben wird. Als Flüchtling in Spanien bleibt Degrelle lieber der Hecht im Karpfenteich der unverbesserlichen Neonazis und posiert bis zu seinem Tod für Kalender und Zeitschriften in der SS-Standartenführer-Uniform, mit Orden behängt, statt den Mund zu halten oder zu sprechen, dann aber mit dem Risiko, das Schicksal seiner Freiwilligen zu erleiden, »die, der schrecklichen politischen Polizei

Einige Tage nachdem Degrelle seine Auszeichnung aus den Händen Hitlers empfangen hat, begegnet er Goebbels, der sofort erkennt, welchen Vorteil er in dieser kritischen Phase des Krieges aus einem echten nichtdeutschen Helden ziehen kann.

Ganz schnell landet der neue »politische Soldat« auf dem Titelblatt der belgischen Ausgabe von *Signal*, dem *Life Magazine* der Nazis, das überall im besetzten oder verbündeten Europa in fünfundzwanzig Sprachen vertrieben wird.

Anfang 1944, das Reich ist in äußerster Bedrängnis. Unter dem sowjetischen Ansturm bricht eine Front nach der anderen zusammen, den Deutschen gelingt es nicht mehr, die verlorenen Männer und Geräte zu ersetzen. So gewinnen die ausländischen SS-Freiwilligen eine neue Bedeutung, und die Propagandamaschine der Nazis appelliert immer nachdrücklicher an die notwendige paneuropäische Einheit angesichts der anbrandenden bolschewistischen Horden. Degrelle, stets bemüht, sich die geringste Möglichkeit zunutze zu machen, weiß virtuos auf diesem Register zu spielen, wie seine Rede vom März 1944 im Palais de Chaillot eindrucksvoll zeigt; was ihn im Übrigen nicht daran hindert, sich weiterhin im Interesse seines Großburgunds für die Zerschlagung Frankreichs und Belgiens einzusetzen: ein Projekt, das er nach dem Krieg gar nicht schnell genug vergessen kann, um den »Soldaten Europas« zu preisen, der eine zentrale Rolle in seinem komplizierten Selbstrechtfertigungssystem spielt.

Die Einkesselung des Gros der deutschen Kräfte an der ukrainischen Front in der Umgebung der Stadt Tscherkassy kostete die Deutschen und ihre Verbündeten insgesamt 19 000 Tote und ihr gesamtes schweres Gerät. Das hinderte Degrelle, dessen SS-Sturmbrigade eine wichtige Rolle beim Ausbruch der 25 000 Überlebenden spielte, nicht daran, diesen wie einen Sieg zu feiern. (Merkwürdigerweise durfte die Flämische Legion, die sich genauso tapfer geschlagen hatte, nicht an der Parade teilnehmen.) Am 1. April 1944 hält er im Beisein des SS-Obergruppenführers Josef »Sepp« Dietrich eine Parade in Charleroi ab, einer Stadt, die er ausgesucht hat, um die proletarische Herkunft vieler Legionäre zu unterstreichen und den sozialistischen Charakter der Rexisten zu betonen. Nach den Ordensverleihungen und Reden fahren die Legionäre an Bord der zu diesem Anlass von der Division »Hitlerjugend« ausgeliehenen Panzer nach Brüssel; bei einem Zwischenhalt im Wald von Soignes versehen junge Mädchen von der »Jeunesse Légionnaire« die Fahrzeuge mit einem üppigen Blumenschmuck. Auf der Place de la Bourse im Zentrum von Brüssel angekommen, hebt Degrelle drei seiner Kinder auf den Panzer und paradiert auf dem Boulevard Anspachplaan eine Stunde lang vor einer stattlichen Menschenmenge. Das ist der Gipfel seines militärischen Ruhms, was der ekstatische Ausdruck auf seinem Gesicht deutlich erkennen lässt, wie erleuchtet von der kollektiven Hysterie der Massen. Knapp fünf Monate später wird die Menge am gleichen Ort die alliierten Truppen begrüßen, die Brüssel befreien.

Belgiens ausgeliefert und der Schande preisgegeben, in Kerker oder Konzentrationslager gesteckt wurden wie gemeine internationale Verbrecher« (398 f.), und das alles nur, weil sie das Pech hatten, »sich zu politischen Ideen zu bekennen, die anders waren als die der ›Befreier‹ vom September 1944« (346). Wenn der Zweite Weltkrieg für Degrelle auf psychischer Ebene eine seinen Persönlichkeitskern berührende Rolle spielt, so reduziert er sich in der Welt der wirklichen Menschen, für die Millionen Toten, die auf dem Altar der faschistischen Ich-Erhaltung geopfert wurden, auf ein Missverständnis, eine idiotische Frage »politischer Auffassungsunterschiede«.

»THALATTA! THALATTA!«

All das dient natürlich nur der nachträglichen Rechtfertigung. In Wirklichkeit konnte der Krieg des Trockenen gegen das Feuchte nur kläglich scheitern. Schauen wir ein bisschen zurück. Im Herbst 1942 ist Degrelle an der Spitze des deutschen Vormarschs, der die Südflanke des kaukasischen Gebirgsmassivs zum Ziel hat. Maikop ist gefallen, Tuapse, dann müssen Adler und Suchumi folgen. Doch nachdem die Armeen des Führers zweitausend Kilometer durchwatet haben, bleiben sie stecken, und die Faschisten sind erledigt.

Zwischen ihnen und ihrem Ziel ein Gipfel, »das eindrucksvolle Massiv des dreizehnhundert Meter hohen Indjuk, vor dem ein riesiger Eichenwald, dicht wie Gestrüpp, lag, in dem man nur hier und da einige graue Felsspalten einiger Felsen erkennen konnte. Wie die Gefangenen uns sagten, konnte man von dort oben das Meer sehen …« Der Zugang zu dieser monströsen Erektion wird durch den Fluss Pschisch erschwert, »eine sehr schwer zugängliche, mehrere hundert Meter tiefe Schlucht; auf ihrem Grunde sprang ein Wildbach über riesige Felsen«. Dieses Hindernis, das letzte, muss von deutschen Gebirgsjägern, von Stukas unterstützt, im Sturm genommen werden; Degrelle und seine Männer sollten »den Feind nur überwachen und neue Befehle abwarten«. Auf diese Weise geht ihnen »keine Einzelheit des letzten großen Kampfs im Kaukasus verloren« (156).

> Wir verfolgten die Fortschritte unserer Freunde genau, denn in regelmäßigen Abständen stieg die weiße Leuchtmunition der Angreifer aus dem Walde empor. Es war äußerst bewegend. […] Nach zwei Stunden schossen die Leuchtkugeln fast auf Höhe des Indjukrückens aus dem Laubwerk hervor. Voller Erregung dachten wir an die ersten Gebirgsjäger, die den Gipfel erreichten. Und wir erinnerten uns an das »Thalatta! Thalatta!« der *Anabasis*. Auch sie würden »Das Meer! Das Meer!« rufen können, wie jene zehntausend Helden des Altertums, deren Rückzug Xenophon schilderte.
>
> Aber sie riefen es nicht. Die Leuchtmunition kletterte nicht höher. […]
>
> Die Gebirgsjägerkompanien hatten den riesigen Wald nicht bezwingen können. Beim Aufstieg waren sie immer weiter aufgerieben worden, von den Hindernissen verschluckt. (156 f.)

Was war denn hinter diesem Berg? Wieder Wasser. Doch der Zugang zum Meer (vielleicht dem echten) ist durch einen Phallus versperrt, der mächtiger noch als der ihre ist, die Faschisten sind dem Untergang geweiht. Und da sie nicht mehr vorrücken können, ereilt sie die rasche Verflüssigung.

> Eines Nachts schlug das Wetter um. Der Wind drehte nach Norden. Der Sturm bog die Wipfel der gewaltigen Eichen, wurde zum Orkan; der Regen überschwemmte unsere Unterstände, in die das Wasser an den gekappten Wurzeln entlang hineinlief. Schließlich stieg es bis zum Rand der Löcher.
>
> In unserer Aufregung versuchten wir, die Löcher mit unseren Kochgeschirren leer zu schöpfen. Umsonst. Wir mussten uns geschlagen geben.
>
> Der von Wind und Regen gepeitschte Berghang verlor in wenigen Tagen sein Blattwerk. Die Pschisch schwoll an und brauste wildschäumend durch das Tal, riss die Holzbrücken nieder und unterbrach so in unserem Rücken jede Nachschubmöglichkeit. [...]
>
> Jeder Soldat patschte in der Dunkelheit im Wasser und versuchte, mit seinem Kochgeschirr das Loch vom Wasser freizuschöpfen, aber vergeblich. (158 f.)

Die hastig und verzweifelt errichteten »Eremitenhütten« (159) brachten nicht die geringste Abhilfe. Alles ging unwiederbringlich den Bach runter. Die Hygiene:

> Während der Nacht stieg das Wasser ununterbrochen im Unterstand; gegen Morgen stand es zwanzig oder dreißig Zentimeter hoch. Darin ersäuften wir unsere Läuse. Jeden Augenblick holten wir eine Handvoll unter dem Rock oder

> zwischen den Beinen hervor. Wir warfen sie traurig ins Wasser, das unter dem Astwerk plätscherte.
>
> Seit zwei Monaten hatten wir nicht mehr die Wäsche gewechselt. Das Ungeziefer quälte uns unvorstellbar. Eines Morgens zog ich mich draußen aus und tötete bei diesem einen Mal mehr als siebenhundert Läuse! (159)

Die Verpflegung:

> [Die] widerlichen Kadaver [unserer Pferde] bildeten bald unsere Hauptnahrungsquelle. [...]
>
> Eine Woche lang kauten wir an den schlammigen Fleischstücken, die wir mit unsern Messern von den mageren Hinterteilen der krepierten Pferde abschnitten. (159 f.)

Die Gesundheit:

> Durchnässt, vom Hunger geschwächt, in ekelhaften Wasserlöchern versteckt, brüteten wir bald Krankheiten aller Art aus. In unserem Abschnitt war eine Gelbsuchtepidemie ausgebrochen. An jedem Morgen kamen Scharen von Soldaten aus ihren Löchern, fiebrig und mit halluzinierenden, safrangelben Köpfen. (160)

Ergebnis: »Die Truppe schmolz dahin« (160). Der Faschist, gelb geworden, vom Feuchten mongolisiert, verwandelt sich in eine Pfütze. Und diese Wasser, die seinen Ich-Panzer vollkommen überschwemmen, lassen seine schlimmsten Ängste wieder aufleben, die »aufgetriebenen Bolschewistenleichen, von der Strömung mitgerissen« (159). Selbst die Grenze zwischen dem eigenen Körper und dem verwesten Leichnam des Roten kann der Faschist nicht aufrechterhalten:

> Aber mehr als die Wasserlöcher entsetzten uns die furchtbaren Leichen der Russen, die sich zwischen unseren Stellungen verflüssigten. Im Dunkel umhertastend, glitten wir auf diesen fauligen Bündeln aus und versanken bis zum Knöchel in einem klebrigen Bauch. Die Verzweiflung packte uns, wussten wir doch nicht, wie wir uns von diesem schrecklichen Menschenschlamm säubern sollten, der uns an der Haut klebte und einen unwiderstehlichen Brechreiz auslöste. (163)

Das ist das Ende.

> Wir waren am Ende. Am Ende!
> Am Ende unserer körperlichen Kräfte.
> Am Ende unserer Moral.
> Wir leisteten nur noch Widerstand, weil unsere soldatische Ehre auf dem Spiele stand. (163)

Diese »Ehre« – das dürfte ersichtlich geworden sein – ist das Ich, oder vielmehr der starre Panzer, der für den Faschisten die Stelle des Ich einnimmt. Überall rissig geworden, kann er sich nur durch den Rückzug bewahren. Der Faschist, der in seiner Maßlosigkeit davon träumte, es mit dem All-Flüssigen aufzunehmen und es auszutrocknen (zumindest bis zum Ural), kann dem Ertrinken nur durch die Flucht entgehen.

Natürlich weicht er nur schrittweise zurück und errichtet nach jeder Etappe neue Dämme. Sie brechen einer nach dem anderen. Der anbrandenden Flut ist nicht standzuhalten. Tscherkassy:

> Wir konnten nicht einen Meter weit sehen. Die Luft war nur noch eine einzige Sturzsee; die Erde war zum Fluss geworden, und wir steckten bis zu den Knien darin.
>
> [...]
>
> Alle halbe Stunde telefonierte die Division an den Gefechtsstand: »Halten! Halten! Halten!« (239)

Vergeblich, denn »nie war so heftiger Regen auf die Erde niedergegangen« (241). Zusehends löst sich der Körper des Faschisten auf: Die Soldaten haben »leere Augen, schwankende Leiber«, »der Körper taumelt vor Müdigkeit« (263); die Verwundeten spüren, wie sie »bei lebendigem Leib verfaulen« (260). Angesichts des Ausmaßes der Katastrophe verliert sogar das Oberkommando die Contenance:

> »Große Scheiße! Große Scheiße!«, rief der General immer wieder.
>
> »Große Scheiße!«, skandierte mit Nachdruck der Stabschef.
>
> »Große Scheiße!«, wiederholte ebenso die Ordonnanz, die uns belegte Brote brachte. (309 f.)

Und gegen das Feuchte vermag das Weiche gar nichts.

> Die sowjetische Flut brach los, überschwemmte die ganze Ukraine, verschlang sie in alle Richtungen und erreichte in wenigen Tagen den Dnestr an der rumänischen Grenze!
>
> Es war eine Sturmflut.
>
> Die ganze Ukraine, die schöne Ukraine, war in dieser brüllenden Flut aus Mongolen und Kalmücken mit ihren riesigen Schädeln, feuchten Schnurrbärten und weißen Metallzähnen versunken. (289)

Ist es wirklich ein Zufall, wenn Max Ernst, mit der ganzen Hellsichtigkeit des echten Surrealisten, dieses wunderbare Gemälde, das zwischen 1940 und 1942 entstand, *Europa nach dem Regen* nannte?

> […] im Juli 1944 […] wurde Minsk überrannt. In vierzehn Tagen ergoss sich eine gewaltige Sturmflut über die deutschen Frontlinien, begrub alles unter sich und stieß dreihundert Kilometer weit vor. (293)

Anfang 1945 gelangten die sowjetischen Streitkräfte nach Polen und Deutschland selbst: »Überall griff die Flut um sich« (353); »Zehntausende von Russen überschwemmten unsere Gebiete« (405). Die Überlebenden, »von der Erschöpfung, dem Schlamm, den Tausenden von Geschossen zermürbt« (373), sind nur noch bestrebt, dem Ganzen zu entkommen, so gut sie können. Die Verwundeten werden »durch den Schlamm gezogen« (369) oder gehen dort »vor Erschöpfung zugrunde« (371). Nichts und niemand ist mehr sicher, nach und nach geraten die Zeichen ins Rutschen und stecken den Faschisten an: »Die Personenwagen hielten ruckartig an und schleuderten zappelnde Stabsoffiziere, die auf das Wagendach geklettert waren, wie Kröten mit dem Kopf zuerst in den schlammigen Schnee.« (387) Hier und da bleiben einige Stücke des Trockenen oder Harten erhalten: »Schließlich blieb nur noch die Insel des Gefechtsstands, umringt von den brüllenden Horden des Mordgesindels.« (371) Sie werden rasch überrannt. »Die Russen überfluten […] Brallentin und Repplin […]. Ein paar deutsche Panzer […] versuchten vergeblich, die Flut aufzuhalten. Sie ging über sie hinweg.« (375) Und nun ist es an dem Faschisten, zu verzweifeln: »Wie sollen wir verhindern, im Strudel des Endes unterzugehen?« (406)

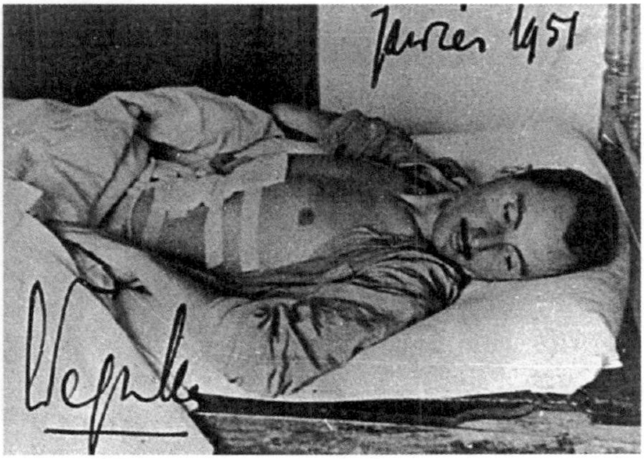

Um die im Laufe dieser Analyse entwickelten Vorstellungen richtig einzuordnen, dürfen wir einen wichtigen Aspekt nicht aus den Augen verlieren: die Unterscheidung zwischen der unbewussten Notwendigkeit des Faschisten, sein veräußerlichtes Ich zu strukturieren und zu versteifen, und seinem bewussten Wunsch, sein Image zu pflegen und zu projizieren. Anderseits müssen wir uns klarmachen, dass sich die beiden Ebenen fortwährend überlagern oder vermischen, was zu vielen Überschneidungen oder gar Mehrdeutigkeiten führt. Nehmen wir beispielsweise dieses Foto: Wie ist es aufzufassen? Als der Augenblick des Zusammenbruchs von Degrelles Ich-Panzer, wo das Formlose aus den Rissen seines geborstenen Körpers ausläuft, von dem Verband kaum gehalten? Oder als die geschickte Inszenierung seines männlichen und erschöpften Heldentums? Es lässt sich noch nicht einmal datieren und lokalisieren (das handgeschriebene Datum scheint das der Widmung zu sein). Laut *Tintin mon copain* (S. 138) soll es Degrelle nach seinem Absturz mit der Heinkel im Jahr 1945 zeigen (tatsächlich scheint sein rechter Arm, den er sich dabei gebrochen hatte, geschient zu sein); doch in *Degrelle m'a dit*, einem illustrierten Buch, das unter dem Namen einer seiner spanischen Bewunderinnen, der Herzogin von Valencia, erschienen ist, heißt es in einer Bildlegende: »Hier [Léon Degrelle] mit vernähtem Bauch, nach einer seiner zahlreichen Operationen, denen er sich im Exil unterziehen musste, damit die Folgen einer der fünf Verwundungen behoben würden, die er 1942 im Kaukasus erlitten hatte.« De Bruyne meint jedoch, keine dieser Verwundungen habe einen Krankenhausaufenthalt erforderlich gemacht; Degrelle habe sie aber kräftig für »persönliche Propagandazwecke ausgeschlachtet« (*Les Wallons meurent à l'Est*, S. 176). Ist überhaupt eine Narbe unter dem Verband?

Die prunkvolle Residenz, die sich Degrelle bei Malaga erbauen ließ, »La Carlina«, wirft eine Frage der gleichen Art auf: Auf dem Gipfel eines kleinen Bergs thronend, in maßloser Weise seinen übersteigerten Sinn für Selbstdarstellung verkörpernd, offenbart sie gleichzeitig seine etwas antiquierte faschistoid-mittelalterliche Ästhetik, seine Megalomanie und seinen obsessiven – fast zwangsneurotischen – Hang zur Vertikalität, die sich ihrerseits durch einen geschlossenen Kreislauf aufeinander verweisender Bilder manifestiert und Gehör verschafft.
Sie könnte auch, das sei am Rande vermerkt, als Symbol des Geschäftemachers gelten, der er geworden ist: halb Geschäftsmann, halb Spitzbube. Denn wie hat Degrelle sein Schloss in Spanien finanziert? Die Historiker haben nachgewiesen, dass er zu Beginn seines Exils von der Beute gelebt hat, die Rexisten kurz vor der Befreiung bei mörderischen Raubzügen in Brüsseler Juweliergeschäften machten; dann gründete er ein Bauunternehmen, das dank seiner freundschaftlichen Beziehungen zu einflussreichen Vertretern des Franco-Regimes die Aufträge zum Bau mehrerer Nato-Stützpunkte in Spanien bekam. Doch dieses Geschäft besiegelte auch das Ende der »Carlina«: Mit der Qualität seiner Arbeit unzufrieden, weigerten sich die Amerikaner, Degrelle zu bezahlen, woraufhin er mit Pauken und Trompeten bankrottging und Mitte der sechziger Jahre gezwungen war, seinen Palast zu verkaufen. Das hatte wenig zu bedeuten; es folgten andere Geschäfte, und Degrelle ist nicht arm gestorben; mag er auch psychisch sein Leben neunundvierzig Jahre lang mehr schlecht als recht gefristet haben, in der realen Welt hat er wie ein abgedankter Fürst gelebt, indem er in den Armen schöner Frauen, von protzigem Luxus umgeben und unter der strahlenden Sonne der Iberischen Halbinsel seine Trauer hegte und pflegte.

Degrelles letzte militärische Stellung liegt »oberhalb einer ausgedehnten Sumpfniederung« (399).

BOUDU, AUS DEM WASSER GERETTET

Von all seinen Schlössern in Spanien bleibt Degrelle, alias José de Ramirez Reina, alias Juan Sànchez …, nur ein einziges, eben »La Carlina«, wo er lange stille Tage verleben wird (bis es ihm durch eine geschäftliche Pleite verloren geht). Ende April lässt er seine Männer an der Ostseeküste im Stich und flieht, von den britischen Mosquitos bedrängt, nach Norden (jedoch nicht ohne sich die Zeit zu nehmen, in einer Reihe von Briefen zu fordern, dass man ihm den Namen »von Tscherkassy« verleihe). Gewiss, das ist für einen SS-Offizier nicht gerade die feine Art, doch es handelt sich um einen Fall höherer Gewalt. Am 2. Mai 1945 trifft er nämlich in Malente mit Himmler zusammen:

> Seine kleinen lebhaften Augen blinzelten im Halbdunkel der Abenddämmerung. Er, der sonst immer so nüchtern und so zurückhaltend in seinen Gefühlsäußerungen war, nahm mit kräftigem Griff meine Hände: »Sie sind treu gewesen, Sie und Ihre Wallonen«, sagte er, »Sie sind als Letzte im Kampf und im Unglück an unserer Seite geblieben. Eines Tages wird Deutschland sich daran erinnern.«
>
> […]
>
> Als sein Fahrzeug schon anfuhr, drehte er plötzlich die Scheibe herunter und sagte, jedes seiner Worte gebieterisch

betonend: »Eines Tages wird man Sie brauchen, Degrelle. Alles wird sich rasch verändern. Gewinnen Sie ein halbes Jahr. Sie müssen leben!« (421 f.)

Bei der SS gilt, »Befehl ist Befehl«. Degrelle gehorcht und geht über die Grenze nach Dänemark. Selbst dort lauert ihm das Feuchte auf. Die Partisanen haben Kopenhagen eingeschlossen; einer der Offiziere, die ihn begleiten, stürzt sich »im Zentrum der Stadt in den Taumel des Aufruhrs hinein. Die Aufrührer griffen einzelne Soldaten an, die sich nicht rechtzeitig in Sicherheit gebracht hatten. Der Offizier, der Fahrer und der Wagen gingen in diesem düsteren Trauerspiel unter.« (426) Doch dem Reichsbevollmächtigten für Dänemark, Dr. Werner Best, »der zusammengebrochen in seiner Küche hinter neunzehn Koffern saß« (426), gelang es trotz all der Hindernisse, Degrelle nach Norwegen bringen zu lassen, wo sich die »letzte antibolschewistische Front befand [...], dreihunderttausend deutsche Soldaten [...] bestens bewaffnet und versorgt« (424). Während der Überfahrt erwies sich das Meer eher als Komplize denn als Bedrohung, »es plätscherte, funkelte und leuchtete, so weit das Auge reichte« (431). In Oslo trifft er nach einem ausgiebigen Bad Reichskommissar Terboven, der ihm, obwohl durch die Vorbereitung seines Selbstmords ziemlich in Anspruch genommen, »ein Privatflugzeug [...], die Maschine von Minister Speer«, zur Verfügung stellt, wenn er »sein Glück versuchen und [...] nach Spanien abfliegen« wolle. Degrelle: »Mir blieb keine Wahl. Ich nahm an.« (434 f.)

Die ganze Nacht vom 8. auf den 9. Mai 1945 fliegt er »zwischen Krieg und Frieden, Erde und Himmel« (436) an Bord eines »einzelnen Flugzeugs, das immer noch stolz seine Hakenkreuze« (437) trägt, über Holland, Belgien, Frankreich. Seine »einzige Aussicht auf Rettung« sind »die Ströme von Champagner und Whisky [...], die die Sieger« in sich hineinschütten (436). Beim Anblick der Lichter von Brüssel beißt er »die Zähne zusammen, um keine Tränen zu vergießen« (438). Bei Arcachon dann, als »der Treibstoff zur Neige« geht (438), wird das Meer wieder zur Bedrohung: »Das Meer unter uns bot einen beklemmenden Anblick mit seinen schaumgekrönten Wellen, dem nahen Rauschen und seiner Bereitschaft, uns zu verschlingen.« (439) Es stand ganz entschieden geschrieben, dass *La campagne de Russie* im Wasser enden sollte. Die Maschine, über offenem Meer vor der spanischen Küste, versucht angesichts ihres Treibstoffmangels eine Notlandung auf einem Strand.

> Die Heinkel, die ihr Fahrgestell nicht ausgefahren hatte, glitt mit zweihundertfünfzig Stundenkilometern auf ihrem Rumpf über den Boden. Ich sah, wie der rechte Motor wie eine Feuerkugel wegflog. Die Maschine drehte sich, schoss dem Meer entgegen, geriet in die Fluten und zerschellte.
>
> Das Wasser drang in die zerborstene Kabine und stieg uns bis zur Hüfte. Ich hatte fünf Brüche [...]. Spanier kamen schwimmend, nackt wie Südseeinsulaner, zu unserem gestrandeten Flugzeug.
>
> [...] Ein Sanitätswagen fuhr ans Ufer.
>
> Diesmal war der Krieg wirklich zu Ende ... (439 f.)

Degrelle in Spanien, 1949.

Degrelle in Spanien, 1983.

Nach allem bin ich der Überzeugung, dass für Degrelle die Zeit 1945 buchstäblich stehen geblieben ist; oder vielmehr, dass sie sich, von der durch den Krieg verkörperten Realität befreit, wie im Freilauf dreht, in dem eisigen Kreislauf reiner Wiederholung, der einen ausgebrannten Degrelle in seinen geistigen Produktionen erstarren lässt, wobei ihn seine SS-Uniform stützt und vor der Wirklichkeit schützt wie der Panzer einen Hummer. Was hat sich zwischen diesen beiden Fotos verändert, die im Abstand von vierunddreißig Jahren aufgenommen wurden? Das frische, lebhafte und vergnügte Gesicht ist aufgedunsen, gewiss, aber es hat sich nicht verändert; wir können noch nicht einmal sagen, dass es wirklich gealtert wäre; es scheint vielmehr allmählich zu einer Reptilienmaske verfestigt, versteinert zu sein, um das Chaos zu überdecken; und das strahlende Lächeln des Sonnenkriegers ist nach und nach zur grausigen Grimasse des Todes geworden.

Im Wasser und doch nicht im Wasser. »Zweifellos waren wir materiell besiegt worden« – wohl wahr –, »aber ich hatte meine Kraft und meinen Glauben bewahrt.« (440) Mag auch der Russlandfeldzug verloren sein, es bleibt immer noch *La campagne de Russie*. Offensichtlich haben die Leiden, die Schrecken der Kämpfe, der Schock der Niederlage diesen Panzer, dem allein ein Degrelle seine Ganzheit und Unversehrtheit verdankt, ernsthaft beschädigt; er muss dringend geflickt werden; und dafür gibt es nur noch ein Mittel. Die Angabe am Schluss des Buchs, »Militärlazarett ›Mola‹, San Sebastian (Spanien) August bis Dezember 1945« (440), verrät die Eile; sobald sein rechter Arm aus dem Gips ist, macht er sich an die Arbeit. Weit mehr als ein politisches Testament, ein Versuch der Selbstrechtfertigung oder eine Streitschrift, die seine Karriere wieder auf Kurs bringen soll, ist *La campagne de Russie* vor allem ein groß angelegtes Unternehmen zur Rettung des Degrelle'schen Ich, das, schiffbrüchig, zum Spielball der Wogen geworden ist. Und dieses Unternehmen, im Gegensatz zum Krieg selbst in weit bescheidenerem Rahmen geführt, wird ein Erfolg sein. Wirksamer als die Schöpfkellen im Kaukasus ermöglicht das Schreiben Degrelle, die Fluten, die sein Seelenleben unter Wasser setzen, zu bändigen und mit Hilfe der rhetorischen Strategien, die ich zu skizzieren versuchte, zu kanalisieren und mittels der Wasserspülung zu beseitigen.

Das Buch dient ihm als Schwamm; Degrelle kommt mit trockener Haut davon, sein Ich-Panzer, eine gestärkte SS-Standartenführer-Uniform, starrer denn je und bereit zur Fortsetzung der Ereignisse. Nach mir die Sintflut.

Strand von San Sebastian, 8. Mai 1945: Degrelles Heldenepos endet in der sanften Brandung des Atlantiks.

NACHWORT VON KLAUS THEWELEIT

Als ich 1977 die Untersuchung zu den deutschen Freikorps beendete, die in den Jahren nach 1919 die deutschen Arbeiteraufstände niederschlugen und sich später selber als »die ersten Soldaten des Dritten Reiches« feierten, hatte ich keine Ahnung, welche Rolle das Buch – veröffentlicht unter dem Titel *Männerphantasien* – in der Geschlechterdiskussion unterm Zeichen des einsetzenden Feminismus spielen sollte. Etwas anderes wusste ich: Ich hatte etwas geliefert, was es bis dahin nicht gab; den Versuch, den Faschismus, den deutschen Nazismus, nicht als Ausgeburt einer fürchterlichen »Ideologie« zu beschreiben, sondern, ausgehend vom Mann-Frau-Verhältnis in der europäischen Geschichte, als eine gewalttätige Art und Weise, »die Realität« herzustellen: die politische mörderische Realität des faschistischen Gewaltstaats nicht als Folge von Ansichten, Ideen oder Industrie-Interessen, sondern als umgesetzter Ausdruck verheerender Körperzustände seiner Protagonisten – der faschistische Staat als Realitätsproduktion des Körpers des »soldatischen Mannes«.

»Vielleicht die aufregendste deutschsprachige Publikation des Jahres 1977«, schrieb »Spiegel«-Herausgeber Rudolf Augstein.

Weniger enthusiasmiert war das Gros der deutschen Historiker. Historiker haben Vorbehalte gegen autobiographische Texte (»Sekundärquellen«, »Literatur«). Sie trauen Untersuchungen nicht, die vorwiegend *die Affekte* des historischen Personals untersuchen: »Gefühle? – Was ist das?« Schon gar nicht trauen sie psychoanalytischen Zugängen; unter anderem, weil sie keine Ahnung von ihnen haben. Ihr schlechtes Gewissen kam dazu: Erneut kümmerte sich ein *Fachfremder* um ihre (versäumten) Aufgaben.

Von Historikern freundlicher aufgenommen wurde das Buch in den Vereinigten Staaten. Das liegt daran, dass in *Campus Communities* viele Kinder jüdischer Eltern, die der Schoah nach Amerika entkamen, leben und lehren; junge Wissenschaftler, die darauf warteten, dass endlich jüngere Deutsche sich mit dem Nazismus ihrer Eltern auseinandersetzten. Womöglich kamen auf diesem Weg die *Male Fantasies* in die Hände von Jonathan Littell?

Als der Autor der *Wohlgesinnten* im Herbst 2007 Kontakt mit mir aufnahm, hatte ich von seinem Roman gehört, ihn aber nicht gelesen; die deutsche Übersetzung sollte erst noch kommen. Jonathan Littell schickte mir ein Bild mit einem kleinen Text: ein Foto aus dem Jahr 1944; es zeigt den belgischen Faschisten Léon Degrelle mit dreien seiner Kinder bei einer Parade; alle mit ausgestrecktem Arm beim sogenannten »Hitlergruß«. In der ersten Zeile des Texts entdecke ich meinen Namen – und verstehe im Weiteren, dass Littell Degrelles Buch *La campagne de Russie* »mit meinen Augen« gelesen hat, das heißt mit den Kategorien, die ich in *Männerphantasien* für die Lektüre faschistischer Zusammenhänge entwickelt habe.

Ein Freund übersetzt mir Littells ganzen Text; ich bin beeindruckt. Jonathan Littells *close reading* von Degrelles Russland-Buch parallelisiert nicht nur meinen Umgang mit den Kriegsberichten, Tagebüchern und Autobiographien der deutschen Freikorpssoldaten der frühen zwanziger Jahre; Littell findet auch – obwohl Degrelle zwanzig bis dreißig Jahre jünger ist als die deutschen Freikorpssoldaten und Protagonist einer anderen Kultur – bei ihm die fast genau gleichen Verhaltensweisen und Wortkomplexe, angeordnet um die panische Angst vor den »Vermischungszuständen der Körperränder«. Schmutz, Schlamm, Sumpf, Schleim, Brei zur Bezeichnung des politisch anderen, des »Kommunismus«, als »rote Flut«, die Angst vor allem Körperauflösenden, vor der erotischen Frau, dem sogenannten »Flintenweib«, gegen die der »soldatische Mann« die »reine weiße Krankenschwester« ins Feld führt, sowie das *Aufragende* der eigenen Existenz, seinen gehärteten, unauflösbaren Körperpanzer – alles findet sich kongruent in der Sprache Degrelles. Littell ordnet diese Komplexe in binären Gegensatzmustern – das Harte gegen das Weiche et cetera –, wie ja auch der Titel seines Texts Claude Lévi-Strauss evoziert. In der Tat war es die *Struktur der Körperlichkeit* des »soldatischen Manns«, auf die es mir ankam in den *Männerphantasien*: der Versuch, die Funktionsweisen des faschistischen Terrors zu beschreiben.

Entscheidend: dass der muskulär-motorische Körperpanzer nicht bloß gegen das bedrohliche Außen errichtet wird, gegen

das »Gewimmel« der Wirklichkeit, das verschlingende Weibliche oder das weltverkehrende schleimige Proletariat, sondern ebenso gegen das eigene Innen; gegen die Mischung von Blut und Exkrementen, mit der der von Fragmentierung bedrohte Körper des »soldatischen Mannes« sein eigenes Inneres angefüllt fürchtet. Die »rote Flut« kommt ebenso von innen wie von außen; sie kommt sogar stärker von innen. Auch gegen sie muss das faschistisch Heldische aufgerichtet, die unvergängliche Fahnenstange hochgehalten, der Arm bis in den Himmel gereckt werden, an dem *der Führer* den Versinkenden aus dem Morast erretten und in die Höhe ziehen kann. Im Einzelnen nachzulesen in Jonathan Littells Text – samt der Entwicklung der dazugehörigen Konzepte der spezifischen Ich-Struktur dieser Art Körperlichkeit, der Ich-Struktur des Nicht-zu-Ende-Geborenen.

Die unverhoffte Würdigung, die das Buch *Männerphantasien* im dreißigsten Jahr seines Lebens durch Jonathan Littells Studie zu Degrelle erfährt, freut mich natürlich. Auch weil ich sie als Bestätigung meiner Vermutung lese, dass es eine *universelle Struktur* »des« Körpers des »soldatischen Mannes« – also »des« politischen Faschisten – gibt; als ein Normalfall der Gewaltausübung anzutreffen zumindest in der eurasisch-amerikanischen, in der japanischen, in der islamischen Mann-Kultur.

Das stützt sich auf verschiedene Quellen: die Analyse von Folterern weltweit, die Kate Millett vorgelegt hat; die Berichte Rigoberta Menchús von den Folteraktionen der Todesschwadronen in Guatemala; Mika Haritos-Fatouros' Darstellung der Ausbildung der griechischen Militärpolizei unter der Militärdiktatur;

auf die bekanntgewordenen Folterungen in den südamerikanischen Militärdiktaturen; auf die Berichte vom Verhalten der Wachmannschaften in nordamerikanischen Gefängnissen. Aber auch auf die Konstruktion »des genießend folternden Faschisten« in Pier Paolo Pasolinis Film *Salò oder Die 120 Tage von Sodom* – zeitgleich entstanden mit den *Männerphantasien.*

Sie dringen darauf, einige der früheren Befunde zu erweitern beziehungsweise zu präzisieren. Stichworte: die *männliche Selbstgeburt* durch Tötung anderer. Das *Gelächter* des Folterers. Der Institutionenkörper. Die erlaubte Übertretung in göttliche Kriminalität. Die *Sexualisierung* der Gewalt. Die theatralische *Ausstellung* der Gewalt; das *staging* der Gewaltakte.

Rigoberta Menchú beschreibt, wie die Killer der Todesschwadronen den Outcome ihres Mordtheaters genießen. Wie sie sich selbst erleben als handelnden Teil einer übergeordneten Macht. Der Kern ihrer Aktion ist die *erlaubte Übertretung ins Verbrecherische,* die zugleich zur Schau gestellt wird. Das ist überhaupt das *Zentralversprechen* an den faschistischen Körper; sein Königsweg, zur psychischen *Ganzheit* zu gelangen. Diesen Moment feiert er mit *Gelächter.* Es ist *Fiesta* (in seinen eigenen Worten). Absorbiert vom eigenen Wachstum, vom Durchbruch in den neuen riesigen Körper der Macht, den er im Töten erhält: Körper einer männlichen Gewaltinstitution, die alles absegnet, die ihn erhebt für das, was er tut, ihn bezahlt, belohnt; ihm einen neuen, »heilen« Körper gibt.

Es geht nie nur um die Tötung, es geht auch um institutionalisierte Neugeburt. So waren die KZs für den Körper *des Deut-*

schen nicht nur als Vernichtungsfabriken angelegt. Es waren auch *Großlabore*, Versuchsstationen für die *Geburt* des kommenden arischen Herrschermenschen. Dieser sollte erstehen aus dem Tod der Juden. Die überlegene *Energie* alles »Jüdischen« sollte eingehen in den neuen deutschen Überleib. Ein Vorgehen, das nicht einfach dem »Hass auf alles Jüdische« entsprang, wie Daniel Jonah Goldhagen sehr oberflächlich entwickelt – und Jonathan Littell zutreffend kritisiert hat.

Es ist vielmehr ein fundamentaler *Neid*; *Neid* und *Wut* auf die Position des »auserwählten Volkes«, die »der Deutsche« als »Arier« selbstverständlich selber beanspruchte. Der Hitler-Staat war das übergeordnete Organisationsbüro dieser Selbst-Ermächtigung: Erreichen der Körperganzheit im orgiastisch empfundenen erlaubten Mord an den Juden = »neuer Mensch«.

Stärker noch als in den *Männerphantasien* würde ich weiter betonen, dass die Voraussetzung dieser Empfindung der Umbau der gesamten Sexualität vom Lustprinzip auf ein »Schmerz- und Gewaltprinzip« ist. Die jungen Kerls der Wachmannschaften bei Rigoberta Menchú »ficken« sogar noch einen Körper, dem sie schon einige Glieder abgeschnitten haben. Ihre »Sexualität« ist so weit umgepolt, dass ihr Glied nur in Gewaltaktionen oder Gewaltphantasien überhaupt erregbar erscheint. »Arbeit«, »Geburt«, »Sexualität« leben alle in *Umkehrungsformen* in den psychisch verwüsteten und institutionell restrukturierten Gebieten des soldatischen Leibs. Arbeit ist ihnen die Unterdrückungsarbeit am eigenen Leib, (Selbst-)Geburt ist, wenn sie anderen das Leben nehmen, Sexualität ist die Ausübung von Gewalt unter

Gelächter. Man sehe all die »fröhlichen Gesichter« auf den Fotos in Jonathan Littells Text. »Der Faschist« ist fröhlich, lachend, bubihaft stolz, ergriffen-erhaben (oder am Boden: in tiefster *Depression*).

Zum Fragment-Körper dieses Institutionenmanns gehört ein abruptes zwanghaftes An- und Abschalten von Haltungen und Wahrnehmungen. Er schaltet ein, er schaltet aus. *Switch. Abspaltungen.* Der eine Körper kommt, der andere geht. Zum nicht endenden Erstaunen der »anderen«: »Ist der noch derselbe Typ?« Nein, das ist nicht derselbe Typ. Der individuelle Körper, der teilanästhesierte Körper, der gehorchende wie der übertretende, leben im soldatisierten Männerleib unintegriert nebeneinander, übergangslos, umschaltbar. Der Realitätsproduzent »Faschist« ist ein institutionelles Gestenrepertoire mit Umschaltvorrichtung. »Glück« entsteht und besteht darin, dass er den Anforderungen genügt und entsprechend funktioniert.

So sehe ich Eichmann »funktionieren«. Ideologisch braucht er dafür tatsächlich kein »Antisemit« zu sein, wie Jonathan Littell bemerkt. Er ist ein *funktionaler* Antisemit: »Die da sollen weg!«, und Eichmann organisiert das. Das reicht. Das ist aber weder »kalt« noch »banal«, wie Hannah Arendt glaubte. Das ist höchstes *Glück* dieses Funktionärs. *Exterminator* ist er dadurch, dass er kein anderes Gefühl seiner selbst *braucht.* Solange man ihn machen lässt, ist er *wunschlos* glücklich. Und ein *glühender* Nazi – wie ich in Rony Braumans und Eyal Sivans vorzüglichem Eichmann-Film *Ein Spezialist* zu erkennen glaube. Himmlers Endlösungswahn störte Eichmanns Balance mit seiner »Arbeit«: alles »Jüdi-

sche« aus dem deutschen Volkskörper möglichst »reibungslos« zu entfernen. Während Himmlers »Lust« die Ausrottung ist. Die Mehrzahl der Deutschen befand sich emotional zwischen diesen Polen; mit einem größeren Anteil auf der Seite Himmlers, soweit ich das nach meiner Kenntnis der Nachkriegsdeutschen, also der Elterngeneration, sagen kann.

Mein Vater, ein guter Eisenbahn-Büromensch, fand, man habe ein paar *zu viele* »von ihnen« umgebracht. Ausgedrückt *ohne Emotion.* Gefühle, also die Tränen, kamen ihm, wenn erzählt wurde, wie russische »Partisanen« aus dem Hinterhalt gute deutsche Soldaten erschossen. Im Interview mit Jesús Ruiz Mantilla sagt Jonathan Littell: »Es kommt mir nach wie vor merkwürdig vor, dass in den Köpfen der Mörder dennoch Platz ist, ihre Kinder zu lieben, ihre Familie – und dann foltern sie wieder ihresgleichen und die Kinder ihresgleichen.« Dies Rätsel ist einer der Hauptantriebe für mich gewesen, fünf Jahre in die Abgründe des deutschen faschistischen »Schrifttums« zu tauchen.

Aufgezogen von »gemäßigten« Antisemiten und wilden Russenhassern, die zugleich ihre Lebenskraft in die Fürsorge für sechs Kinder steckten, auf allen Luxus, Komfort und Urlaubsreisen verzichteten, sich kaum etwas gönnten, mit Ausnahme der großen Familienfeste; die auch nicht einfach *bösartig* waren; nein, sie kümmerten sich, die Mutter sang bei der Alltagsarbeit das gesamte deutsche Liedrepertoire vor sich hin, »gutherzig«. Aber für »das Jüdische« war kein Teil dieses guten Herzens zu erwärmen, auch lange nach dem Krieg nicht. Was für *Wahnsinnige*! Wie konnte man leben, ohne *annähernd* zu ergründen, wie solche Körper, wie solche *Psychophysis* tatsächlich funktionierte? Leben als *deren* Ableger? Und was davon steckte, bitte schön, in einem selbst? Mir ist bis heute unverständlich, warum nicht *alle Kinder* meiner Generation mehr oder weniger *Psychoanalytiker* wurden.

Am Vater und seiner Umgebung hatte ich gesehen, dass sie »ideologisch« keine Nazis waren, »intellektuell« nicht fähig, den Nazi-Schrott herzubeten oder gar zu verteidigen. Sie waren *körperlich* Nazis; Teile ihrer Körperlichkeit verlangten die »Auslöschung« anderer, anderen abweichenden Lebens. Zu dem man in Momenten der cholerischen Gewaltausbrüche der erziehenden Erwachsenen selber gehören konnte – selber unter der Todesdrohung. Und immer redeten sie von ihrer »überlegenen Kultur«. Wie ging das zu?

Als sich beim Forschen herausstellte, dass Freuds Antworten zur Ergründung des Vernichtungszwangs bei ihnen und ihrer Killergeneration nicht hinreichten, musste weitergesucht werden, unter anderem mit bedeutender Hilfe der französischen »Antipsychiatrie«, Deleuze, Guattari. Jonathan Littell nennt die weiteren Namen in seinem Text. Ich würde heute Pasolini stärker beteiligen. Pasolini zieht in seinem letzten Film eine Linie von den Gewalttätern des biblischen Sodom über die Antike zu den Folterern in Dantes Höllenkapiteln, zu de Sades Folter-Libertins, über die deutsche SS zum modernen italienischen Kolonialismus-Soldatismus der dreißiger Jahre des zwanzigsten Jahrhunderts und sieht in ihnen jeweils Konfigurationen »des Gleichen«: des *höhnisch lachenden Universalfaschisten, Hand am*

Hosenschlitz, masturbierend, während vor seinen Augen die Opfer sich winden, erschossen, verbrannt, zerstückelt werden. Eine Vernichterkultur, die sich in unseren Gesellschaften eingenistet hat von Beginn unserer »Zivilisation« an, immer irgendwo vorhanden. Wir sterben, er wichst sich einen ab; und führt dabei seine kulturgesättigte Rede.

Im Interview in der F.A.Z. vom 28. November 2007 lobt Claude Lanzmann an Jonathan Littells Roman »die absolute Exaktheit. Alles stimmt. Die Namen der Leute, die Orte.« Zum Abschluss meint er: »Littell hat die Sprache der Henker erfunden. Doch für mich sprechen die Henker nicht so wie bei Littell – die Henker reden überhaupt nicht.« In diesem Punkt irrt Lanzmann. Die Henker haben sich geweigert, vor *seiner Kamera* zu sprechen, das stimmt. *Unter sich* haben sie immer gern und viel geredet; ich verweise nur auf Himmlers mehrstündige Ansprache vor seinen SS-Führern im Oktober 1943 in Posen (Poznań) – davon hat Romuald Karmakar einen instruktiven Film gemacht. Auch haben sie *geschrieben*, was das Zeug hält, *untereinander* ihre Taten und sich selbst ausgestellt. Ausgestellt als Europas *wahre Kulturträger* gegen die Drohung des ostisch-insektisch-bolschewistischen Untermenschentums. Zahllose Buchseiten feiern ihre aufgereckten Totenkopf-Körper als letzte Bollwerke gegen den Untergang des Abendlands. Nur hat man sich (meist) geweigert, genauer hinzuhören. Mit der Vorgabe, »man kenne ja« das faschistische Geschwafel. Ja, man kennt die Blut-und-Boden-Ideologien. Sie sind leicht zu widerlegen. Jeder kleine linke Flugblattschreiber macht das mit links.

»Faschismus« ist aber ein Körperzustand, eine gefährliche *Materie*, die *mit Macht und Gewalt* darauf dringt, den Zustand der Welt den Zuständen des eigenen Körpers anzugleichen, zu unterwerfen. Jonathan Littell, der an seinem Text zu Léon Degrelle nicht nach, sondern während des Schreibens an den *Wohlgesinnten* gearbeitet hat – also *während* er die Sprache des SS-Mannes Maximilian Aue konstruierte –, belegt damit genau, dass er die Sprache seines Protagonisten keineswegs *erfunden* hat, wie Lanzmann meint. Littell gibt nicht nur »die Begebenheiten, die Namen und Orte« exakt wieder, er hat auch das verfügbare sprachliche Material »der Henker« genau angeschaut, darunter das in *Männerphantasien* versammelte, und für die Abfassung seines Romans ebenso fünf Jahre gebraucht. So lange mindestens braucht es auch, bis man den Horror des faschistischen Körpers so weit durchgearbeitet und verdaut hat, dass man die Resultate in einem *sprachlich artistischen Zusammenhang* wiedergeben kann, ohne permanent zu kotzen oder darunter zusammenzubrechen.

Männerphantasien ist von vielen Menschen gelesen und gelobt worden, besonders in der akademischen Welt der Vereinigten Staaten. Wirklich mit dem Buch gearbeitet haben nur wenige; es ist offenbar zu schmerzhaft. Daher hat mich Jonathan Littells Studie zum belgischen »Hitler-Sohn« Léon Degrelle umso mehr interessiert.

Der tschetschenische Kommandant Schamil Bassajew befehligt am 11. August 1999 einen Rebelleneinfall in Dagestan, im Raum Botlich.

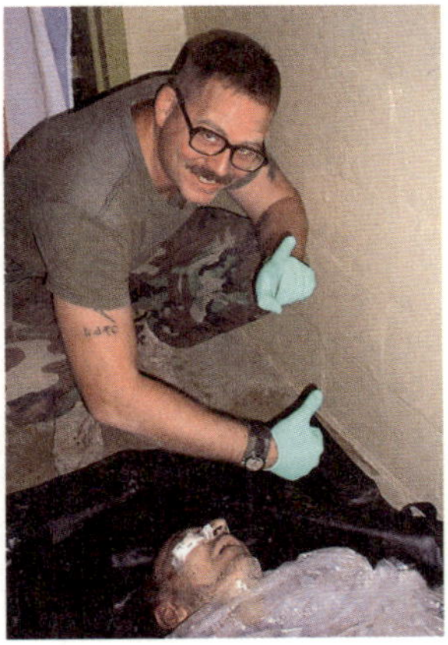

Der amerikanische Gefreite Charles Graner posiert am 11. August 1999 im Gefängnis Abu Ghraib vor der Leiche eines während der Folter gestorbenen Gefangenen.

Das fröhliche Lächeln des soldatischen Manns, sein körperliches Frohlocken angesichts des von ihm verursachten Todes, ist, wie hier ersichtlich, keine Besonderheit des »Faschisten« oder Nazis. Diese Feststellung wirft gewisse Fragen auf, zunächst einmal die nach den Anwendungsgrenzen der Theweleit'schen Theorien: Ich denke, dass sie sich leicht auf die gesamte westliche Welt, etwa auf Franzosen oder Amerikaner, verallgemeinern lassen, und mir scheint, dass meine Untersuchung des Degrelle'schen Textes es belegt; doch wie steht es mit dem islamischen Selbstmordattentäter oder dem tamilischen oder tschetschenischen Kämpfer (wie Bassajew), dem ruandischen Völkermörder, sierra-leonischen Armabschneider[1]? Bekanntlich sind alle Versuche

1. Unter diesem Blickwinkel wäre das hervorragende Buch des ehemaligen Kindersoldaten Ishmael Beah, *Rückkehr ins Leben*, aufmerksam zu lesen: Wenn fast alle Morde – diejenigen der Rebellen wie diejenigen, häufig grässlichen, des Erzählers – dort von schallendem Gelächter begleitet sind, so findet sich in diesen Memoiren keine Spur der wahnhaften, femininen und flüssigen Vorstellungsbilder, die die gesamte »faschistische« Literatur heimsucht und umtreibt.

gescheitert, die Freud'sche Psychoanalyse auf nichteuropäische Völker zu übertragen (doch sind Theweleits Theorien nicht ausgesprochen postfreudianisch, angelehnt an die »antipsychiatrische« Schule von Deleuze und Guattari?). Ohne uns so weit von den Freikorps und den Nazis zu entfernen, müssten wir vielleicht zunächst eine Untersuchung dieser Art an den oralen oder schriftlichen Zeugnissen der stalinistischen Henker oder auch einfach Militanten vornehmen und schauen, ob sich in diesen Zeugnissen – in denen ideologische Klischees wie »rote Flut« oder »bolschewistische Hure« natürlich nicht vorkommen, aber durch andere, möglicherweise auf die gleiche Weise analysierbare Stereotypen ersetzt werden – überzeugende (selbst entgegengesetzte) Entsprechungen finden oder umgekehrt starke Abweichungen zu der von Theweleit ausgemachten Figur des »Nicht-zu-Ende-geborenen soldatischen Manns« zu erkennen sind.

Klaus Theweleit sieht selbst, dass sich sein Denken weiterentwickelt: Wenn die *Männerphantasien* beispielsweise den Gedanken nahezulegen scheinen, dass die geistige Struktur des Faschisten, sobald sie einmal in sehr jungen Jahren angelegt ist, keine Veränderung mehr erfährt, würde er das heute eher als Kontinuum sehen, als einen Augenblick einer Entwicklung: Könnte der »Faschist« also »gesunden«? Oder auch durch Kampf und Mord die Abwehrmechanismen seines Körpers, seines veräußerlichten Ich, vollenden, sodass er einen Zustand des Gleichgewichts, wenn nicht der Stasis, erreicht, in dem sein Faschismus nur noch das Gebiet der politischen Meinung beträfe? Kann umgekehrt ein sogenannter »normaler« Mann zum »Faschisten« werden? Ein schwerwiegendes politisches Problem: Wenn die Entwicklung des »soldatischen Mannes/Faschisten« in einem Stadium vor der Bildung des autonomen Ich stecken geblieben ist, wie Theweleit meint, wie könnte dann ein Mann, der die übliche seelische Entwicklung durchlaufen hat, neurotisch oder nicht, aber auf jeden Fall unter dem Einfluss des Ödipuskonflikts, unter dem Druck der Verhältnisse (etwa weil er mit achtzehn Jahren an die Front geschickt wird) ein »Faschist« werden? Ein »ganz gewöhnlicher Mörder« gewiss, das wissen wir (vgl. die Untersuchungen von Christopher Browning); aber ein »Faschist« in der Theweleit'schen Bedeutung des Wortes? Klaus Theweleit selbst scheint das für möglich zu halten: »Selbst normale Mörder werden zu lachenden Mördern«, hat er zu mir gesagt. Denn er glaubt, dass »jeder Mann einen Teil dieses Körpers, des Körpers des ›soldatischen Mannes‹ in sich trägt« – jeder Mann, oder zumindest diejenigen, die zum Handeln bereit sind. Ich bin mir dessen nicht sicher, ohne allerdings eine endgültige Antwort zu haben. Mir scheint auf der Hand zu liegen, dass ein Mann, der sich durch seine seelische Verfassung dazu gedrängt fühlt, sich freiwillig einer Gruppe anzuschließen, die sich extremer Gewalt so verschrieben hat wie die Freikorps, die Fremdenlegion, die paramilitärischen Verbände Südamerikas, die russischen oder amerikanischen Spezialeinheiten oder Al Kaida, sich nicht in der gleichen Situation befindet wie die Millionen, die zu den modernen Massenkriegen eingezogen wurden, oder die Hunderttausende von Karrierebeamten, die durch ihre Funktion in die bürokratisierten Massenvernichtungen oder -folterungen verwickelt waren. Eichmann scheint mir hier der Grenzfall zu sein, daher weicht meine Interpretation seiner Sprache und seiner Körperhaltungen entschieden von der Theweleits ab. Für den Augenblick muss diese Frage offen bleiben.

J. L., Dezember 2007

Anhang

Die Originalausgabe von 1949

Die Neuausgabe von 1987

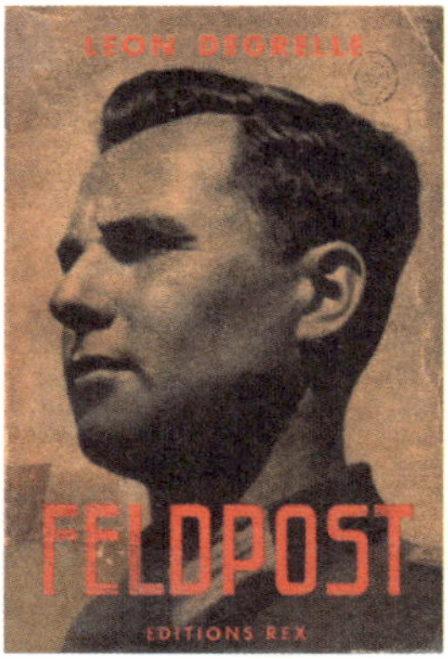

Die erste Fassung von 1944

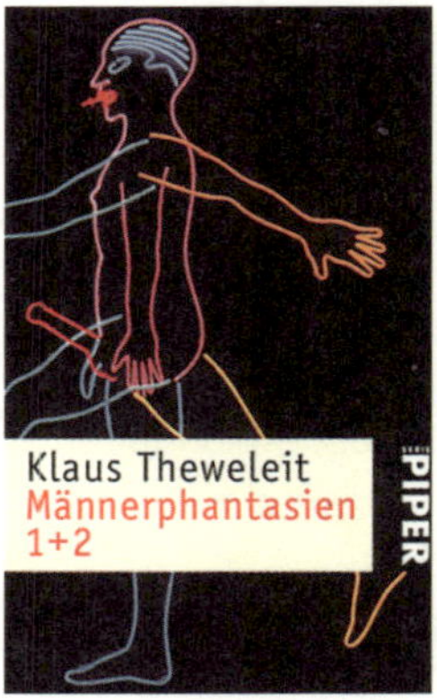

Ein Meisterwerk, das
noch nicht ins Französische
übersetzt wurde.

QUELLEN

Der Text

DEGRELLE, Léon, *Feldpost*, Ignis, 1942. Eine erste Fassung von *La campagne de Russie*, 1944 von der belgischen Justiz verboten.

– *La campagne de Russie*, 1941–1945, La Diffusion du Livre, Le Cheval Ailé, 1949, 1. Aufl.

– *Front de l'Est, 1941–1945*, Paris, La Table Ronde, 1969. Der gleiche Text unter einem anderen Titel.

– *La campagne de Russie, 1941–1945*. Mit einem Vorwort von Jean Mabire, Art et Histoire d'Europe, 1987. Die Ausgabe, aus der ich zitiere. Laut einer rechtsextremen Website, die die Ausgabe von 1949 im PDF-Format ins Netz stellt, weist die hier zitierte Fassung zahlreiche Änderungen des Herausgebers auf; doch ich habe nicht versucht, die beiden Texte zu vergleichen. (Eine deutsche Übersetzung erschien 1952 ohne Übersetzerangabe u.d.T. »Die verlorene Legion/Léon Degrelle« im Veritas-Verlag in Stuttgart. Sie ist eine gekürzte, bereinigte Fassung der Originalausgabe von 1949 und diente als Basis für meine Übersetzung. Anm. d. Ü.)

– »Un appel aux Français! AUX ARMES POUR L'EUROPE«, Rede vom 5. März 1944 im Palais de Chaillot, Paris. Text online verfügbar.

– *Tintin mon copain*, Klow, Syldavie, Éditions Pélican d'or, 2000. Der Verlag und die Angaben dieses posthum erschienenen Buchs, das sicherlich von jemandem aus Degrelles Umgebung überarbeitet wurde, sind fiktiv. Unter der Hand vertrieben, ist es im Internet und in spezialisierten belgischen Buchhandlungen verfügbar.

Historische Quellen

[Anmerkung: Diese Auswahlliste enthält nur die im Text zitierten Texte.]

BALACE, Francis und Alain COLIGNON, »Quelle Belgique dans l'Europe allemande?«, in: Jours de guerre, Nr. 10, RTBF-Crédit Communal, 1994, S. 7–41.

COLIGNON, Alain, »Degrelle«, Eintrag in *La nouvelle biographie nationale*, hrsg. v. der Königlichen Akademie Belgiens, Mardaga, 1980.

– »Le mythe Tintin, retour sur le passé d'Hergé«, Interview, in: *Regard*, 8. Mai 2001.

De Bruyne, Eddy, *Les Wallons meurent à l'Est*, Didier Hatier, 1991.

– »En avant Bourguignons!«, auf seiner Website *Léon Degrelle 1941–1945* ins Netz gestellt.

– »Légion Wallonie« (englisch), online.

– »Degrelle's war-time years in a nutshell« (englisch), online.

– »Sigmaringen or Degrelle vs. the French Collaboration in exile 1944–1945« (englisch), online.

– »Le corps des officiers belges pendant la Seconde Guerre mondiale: le cas de Lucien Lippert«, online.

Weitere Dokumente

Charlier, Jean-Michel, *Auto-portrait d'un fasciste*, Dokumentarfilm, 1978. In Frankreich verboten, kann dieser Film in Teilen und mit der gebotenen Vorsicht im Internet heruntergeladen werden.

Mabire, Jean und Éric Lefévre, *Légion Wallonie, 1941–1945*, Art et Histoire d'Europe, 1988. Werk zum höheren Ruhm der Legion, mit 650 Fotos versehen.

Theoretische Quellen

Deleuze, Gilles und Félix Guattari, *Kapitalismus und Schizophrenie*, Bd. 1, Anti-Ödipus, Frankfurt am Main, Suhrkamp, 1984.

Theweleit, Klaus, *Männerphantasien*, Bd. 1. Frauen, Fluten, Körper, Geschichte, Verlag Stroemfeld, Roter Stern, 1977.

– *Männerphantasien*, Bd. 2. Männerkörper – zur Psychoanalyse des weißen Terrors, Verlag Roter Stern, 1978.

– Neudruck als Taschenbuch: *Männerphantasien 1 und 2*, Piper, 2000. Ein Buch, das leider nicht auf Französisch vorliegt. Da ich nicht Deutsch lesen kann, habe ich die amerikanische Ausgabe *Male Fantasies*, 2 Bände, University of Minnesota Press, 1987, benutzt. Es liegen auch Übersetzungen ins Serbokroatische, Schwedische, Niederländische und Italienische vor.

DANKSAGUNGEN

Ich möchte einigen Menschen danken, ohne die dieses Buch nicht in seiner jetzigen Form vorläge:

Bei Ceges/Soma (Centre d'Etudes et de Documentation – Guerre et Sociétés contemporaine), das mir einen Großteil des hier abgedruckten Bildmaterials zur Verfügung gestellt hat, Rudi Van Doorslaer, Chantal Kesteloot, Anne Roekens, Mareike Post und vor allem Alain Colignon, dessen Bereitschaft und Humor ich besonders zu schätzen wusste.
Eddy De Bruyne, der mir in großzügiger Weise sein persönliches Archiv zur Verfügung gestellt hat.
Francis Balace von der Universität Lüttich.
Kristoph Tassin für die Sammlung seines Großvaters.
Stéphane Steeman.

Bei Gallimard Antoine Gallimard, Pierre Nora, Richard Millet, Dominique Froelich, Claudie Dupont-Pommat, Pascal Fiévé, Pascale Richard und Thomas Simonnet sowie den zahlreichen anderen Mitarbeitern des Verlags, die einen Beitrag zu diesem Buch geleistet haben, manchmal ohne dass ich davon Kenntnis erhielt.

Pierre Monestier für einen Entwurf, der nicht zu Stande gekommen ist.

Und schließlich Maurice Jeanmart für die vielen Schlüssel, die er mir im Laufe der Jahre für die immer zahlreicher werdenden Türen des Belgiertums lieferte.

ABBILDUNGSNACHWEISE

Seite 11, 15(o), 21, 22(o), 45(u), 56, 61(u), 120–121: Sammlung Ceges. 12, 18, 22b, 30, 31, 37(u), 38(ol), 38(or), 38(ur), 49, 61(o), 66, 92(r), 97, 98, 107, 108, 112(l), 115, 120, 138(o), 138(ul): alle Rechte vorbehalten. 15(u), 45(o), 50, 56(u), 68, 74(o), 79(u): Alexis-D.R. 30(r): Bundesarchiv Koblenz. 37(o), 38(ul): alle Rechte vorbehalten/Sammlung Eddy De Bruyne. 67: TopFoto/Roger-Viollet. 74(u): Jean Lekeux – ©. 79(o): Russisches Staatsarchiv für Film und fotografische Dokumente, Krasnogorsk. 88 oben und unten: United States Holocaust Memorial Museum, Washington [Die im vorliegenden Buch zum Ausdruck gebrachten Meinungen und der Zusammenhang, in dem diese beiden Bilder verwendet wurden, entsprechen nicht notwendigerweise den Meinungen und Positionen des United States Holocaust Memorial Museum, und ihre Verwendung bringt keineswegs die Billigung oder Unterstützung dieser Institution zum Ausdruck]. 92(l): AFP. 103: Wadsworth Atheneum Museum of Art, Hartford (USA). 112(r): Jacques de Schutter – ©. 126–127: Jules Matthieu – ©./collection Eddy De Bruyne. 135g: AP/Sipa. 135d: AFP, mit freundlicher Genehmigung von ABC News. 138(ur): Piper Verlag, München.

Seite 105: © ADAGP, 2008 für das Werk von Max Ernst.

INHALT